GLOBALIZATION

全球化議題的16堂課

人與社會的建構

盛盈仙●著

自序

　　《人與社會的建構：全球化議題的十六堂課》一書，專為全球化入門課程的引導介紹為設計。以課堂講解式的輕鬆筆觸，描繪許多全球化的重要議題。本書集結過去於中部大專院校所開設的相關課程，包含：中興大學—「全球化大轉型」、東海大學—「全球化趨勢與議題」、中台科技大學—「全球化時代與生活」等課，將上課期間重要的概念釐清與探討內容彙整成冊。本書不僅可作為理解全球化議題的入門書，更可作為反思日常生活與全球化關聯的閱讀小品。

　　本書的設計主軸包含三項：

一、重點與圖示說明：以淺顯易懂的圖示幫助課前的理解與探討。

二、內文與圖片引導：每篇均提供數項議題反思，並搭配生動圖片輔助說明。

三、延伸問題與回顧：提供較深入的延伸思考，作為議題的回顧及案例結合。

　　本書得以付梓，得感謝眾人之力。感謝孕育我所有學術養成的東海大學政治系，感謝所有在我人生道路上給我指點提攜的師長們！更感謝我的家人朋友及學生們！另特別感謝秀威資訊的編輯伊庭與其工作同仁，在經過多次校對與調整，才得有如此精美的編排。

　　能持續在自己有興趣的研究領域中努力，是種幸福！能持續在校園中與這些年輕學子們共同成長，更是人生一大樂事！學，然後知不足；教學亦然。本書或有許多不足之處，尚祈各界不吝指教。

盛盈仙　2014.07.14於大度山

Con tents +

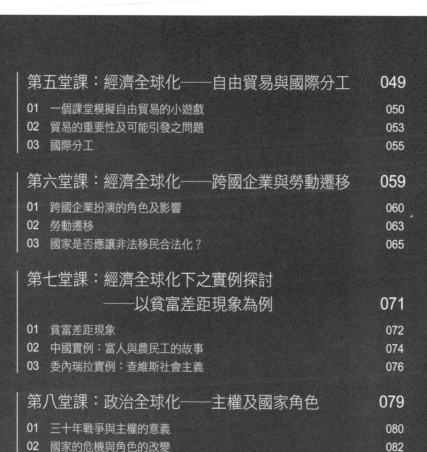

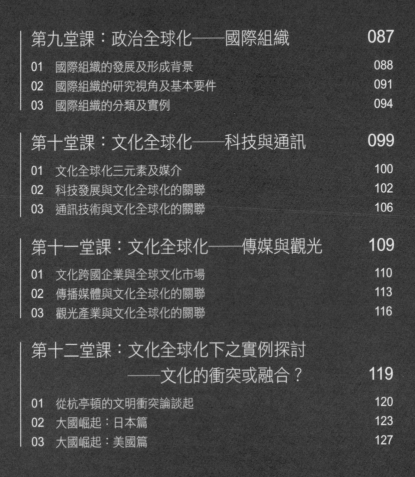

第一堂課
全球化概論

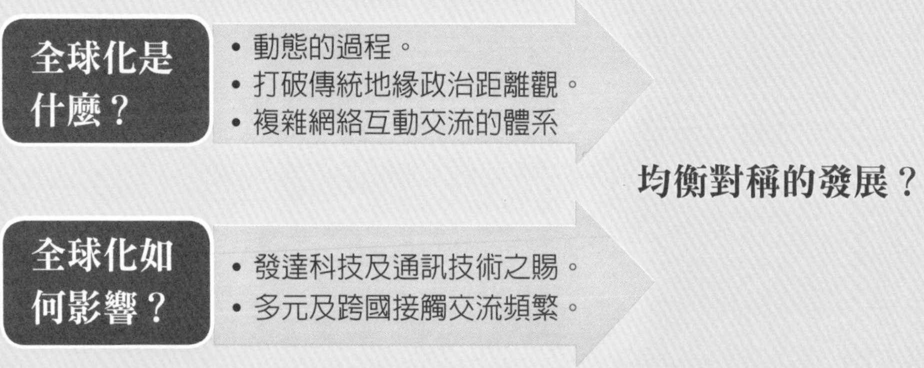

全球化是什麼？	• 動態的過程。 • 打破傳統地緣政治距離觀。 • 複雜網絡互動交流的體系

均衡對稱的發展？

全球化如何影響？	• 發達科技及通訊技術之賜。 • 多元及跨國接觸交流頻繁。

本課重點&圖示說明

↗ 理解全球化的定義與概念。

↗ 理解全球化影響日常生活的方式。

↗ 說明全球化是否為一均衡對稱之發展。

01

🪐 全球化是甚麼？

　　在大學課堂上，甫介紹「全球化」這項概念帶給人們如何的生活影響時，我常以一則訪問美國大學生的短片作為開場。究竟，「全球化是甚麼？」（What does it really mean?）、「它又是如何影響你的生活？」（How does it affect you?）播放影片前，我總以此詢問課堂學生們。大多數學生的反應則是：「我知道大家都在談全球化，也明白全球化無所不在。但，我從未想過它對我的確切影響究竟是什麼。」於是，我播放了那段美國大學生的受訪影片。影片中，學生如是回答：「全球化就是每個人以某種方式互動著」、「跨越國界的傳達某種想法及物質」、「國家從飲食文化、服裝等生活型態影響全球」、「受到美國經濟及文化的巨大影響」、「透過購買它國產品而與其它國家息息相關」、「當全球變成一個整體的世界」……。[1]當課堂學生看完這些與

----

[1] 本篇譯自 "Globalization: What Does It Really Mean?" YouTube - Globalization What Does It Really Mean.mht

圖1-2：全球化等於美國化的再思考。「讚揚美國」的看板在美國各地餐廳隨處可見。

（照片來源：2010年作者攝於美國加州舊金山漁人碼頭旁餐廳）

他們同年齡的外國學生回答後，我嘗試再次詢問他們相同的問題。接著，我觀察到了一些變化，學生因為受到影片受訪者的啟發而開始舉一反三。如，男同學A回答：「全球化就是讓我可以坐在電視機前面，也可以幫林書豪的球賽加油。」女同學B則面露微笑答：「全球化可以讓我不用出國，就可以享受到異國料理！」……等。於是乎，課堂上開始引發一連串的討論漣漪。是的，全球化的確讓學生理解到它為現代生活所帶來的種種便利與好處。帶來了產品選擇的多元、帶來了產品價格的趨同，最重要的是，它也帶來了一種連結人們生活樣態的共鳴。

　　對於全球化的最佳詮釋，我不把它解讀為一種「現象」（phenomenon），而是界定為一種一系列持續前進發展的「動態過程」（dynamic process）。它反映出複雜網絡互動交流下的體系。這些往來密切的行為者，無論是國

圖1-3：美國民眾的愛國民族性，可
從超市隨處可見的國旗窺之。
（照片來源：2010年作者攝於美國加州庫
灣市的Albertsons超市）

家、體制或企業、非政府組織等等，均構成了重塑世界秩序樣貌的重要元
素。而這種動態的過程，亦是這些行為者們無數次累積互動之下的產物。
最重要的是，全球化打破了過去地緣政治的傳統距離觀，國家與國家之間
的距離概念已被重新界定。當然，會有人將全球化視為是另種型態的「美
國化」，認為美國強權的文化使得各國深受其影響與支配。然而，這堂課
所要教育學生的，除了對於全球化概念的釐清之外，也要嘗試與反對全球
化之看法者對話。當人民在享受全球化的好處同時，必然因立場迥異而帶
來負面的影響與衝擊。而不論是好是壞，這些都是我們理解全球化議題的
第一課，也是相當重要的一課。

02 全球化如何影響我們？

　　同樣的一段受訪影片，在談論到「全球化是如何產生影響」時，有的學生回答：「人與人之間可以跨國的面對面」、「讓我使用來自世界各國的產品」、「消費時有了更多的選擇」、「每個國家的文化可以互相交流」……等。從這些回答可以解讀，人們對於全球化的感受，從每日生活用品的使用、消費選項的多元及跨國接觸的交流……等面向皆可看出。這些其實是很一般日常性的生活觀察。而正是藉由這些與日常息息相關的概念探討為出發，引導出全球化與生活密不可分的一面。**全球化不是一個新的概念**，肇因於現代科技、通訊的進步發展，以及傳播媒介的快速散播平台，無形中加深加廣了全球化的進程發展。我常與上課學生分享，現今生活在資訊科技便利時代下的年輕學子，著實很難想像過去沒有網際網路、聯繫通訊還停留在傳呼機（B. B. CALL）的年代。而許多新資訊的流傳、意識型態的互動，造就了現代人擁有更

圖1-3：歐式的甜點風也吹進美國。
（照片來源：2010年作者攝於美國加州橘郡市區著名甜點店Paris In A Cup）

圖1-4：從美國近年來開設越來越多東方飲食風格的超市及餐廳，顯見東方外移人口漸增。同時也可看出西方對於東方飲食文化的接受度越來越高。
（照片來源：2010年作者攝於美國加州洛杉磯Mitsuwa超市內餐廳）

多無遠弗屆的工具，與世界的各個角落接觸、交流。

　　全球化的影響伴隨著國與國之間的互賴程度日深。這種牽一髮而動全身的連動關係，對全球化時代下的國家而言，是危機也是轉機。許多反全球化理論者，引用了世界體系理論之內容，突顯應正視邊陲國家所遭受的剝削、壓榨等不平對待之問題。然而，對於某些小國而言，掌控自身優勢及師法大國經驗，亦能使得國際秩序重新洗牌。猶記得2010年夏天，筆者前往美國加州大學爾灣分校進行短期研究時，當時在校負責教授「國際關係」的教授湯瑪士道爾（Thomas Doyle），最喜歡引用「新加坡」的例子。他認為世界上有許多如新加坡等彈丸之地的小國，天然資源條件雖不稱豐沛，但是憑藉國家自身的努力與決心，終有機會打破先天條件的不足而躍升國際。此外，台灣著名作者吳祥輝先生曾撰書論述小國芬蘭成為全球競爭力第一的背後故事。[2]就我個人以為，不論是道爾或是吳祥輝先生的的見解皆稱不上是過於樂觀，相反的，認清自身條件並積極尋求未來潛能發展，才是小國擺脫劣勢、掙脫束縛之要務。而這也不與認清全球化所可能帶來的負面衝擊產生衝突。

---

[2] 吳祥輝，2006，《芬蘭驚艷 全球成長競爭力第一名的故事》，台北：遠流出版。

全球化是極度不平衡的發展？

全球化不是一個均衡的發展，研究全球化理論的學者多數可以認同此點。事實上，全球化的發展仍處於不太對稱的發展態勢。麥肯瓦特斯（Malcolm Waters）曾以登山者的比喻來說明，內容是：「把國際政治中的各個國家比喻成數個登山者，由於每個國家的先天資源條件各異，就像登山者的年紀、體力及登山配備也都有所不同。因此，有些登山者腳程快、有些則遠遠落後。當這些領先的登山者逐漸登上山頂時，他可以選擇與某些登山者合作（如同國家間的結盟）、抑或選擇將手中的配備支援給其他登山者。然而，不變的是，他們絕對不會把手邊最好的配備拋出，因為那些是他們自己本身賴以支撐的器具。」[3]以上的比喻可以說明幾點，第一，

---

[3] Malcolm Waters著，徐偉傑譯，2000，《全球化》Globalization, 台北：弘智文化出版，頁30。

圖1-5：學者曾以登山的比喻說明全球化的不平衡發展。
（照片來源：2012年作者攝於加拿大班夫國家公園內洛磯山脈及夢蓮湖Moraine Lake）

國家的先決條件是給定的（given），而這些先天條件恆常是不對等的。第二，國家間可以透過合作來達成目標。第三，優勢國家不會輕率地交出手中所掌握的優勢工具。

　　然而，我們還可以進一步延伸上述觀點。第一，雖然這些先決條件是給定的，但仍可利用策略及結盟增加自身優勢。亦即，如美國已逝的卡內基美儂大學（Carnegie Mellon University, CMU）教授蘭迪鮑許（Randy Pausch）所言：「我們改變不了上天發給我們的牌，只能決定我們要如何

▶▶▶ 延伸問題回顧及思考

✦ 何謂「全球化」？「反全球化」？「全球化」是一種現象或是過程？ 你又是如何解讀？
✦ 「全球化」如何影響你的生活？
✦ 評析「全球化」是否為一平衡的發展？

打出一手牌。」（We cannot change the cards we are dealt, just how we play the hand.）[4]此言雖是用以勉勵人們面對生活窘困時不應坐以待斃，然用以比喻邊陲國家位處劣勢局面時，亦能以策略妥善的利用而扭轉劣勢。第二，雖然國家間能透過合作之方式達成目標，但基準不見得僅設定在先天條件優良的國家主動拋出合作機會。換言之，國家間許多合作的前提，是雙方預期將會達到對彼此均有利的雙贏結果。而在這個比喻中，我們對於理解國家選擇合作是否出於自願的原因未明，弱勢國家選擇合作後的前景，是否將從此一路順遂之結果亦未定。此外，即便國家間不一定走向代價高昂的戰爭手段，但也可能透過「不合作」的方式來反制對手。相信如果今天登山者的比喻中，贏者只能有一個，則結局將可能會被改寫。第三，優勢國家雖不會輕易的交出手中的優勢工具，但即使其拋出可能合作之機會，弱勢國家也未必領情。因為，國家間的信任關係仍然深深受到歷史遺緒等背景影響。

---

[4] 蘭迪鮑許教授於其著名的《最後的演講》書中所述。Randy Pausch, 2008, The Last Lecture, New York: Huderion.

第二堂課
全球化的理論與發展

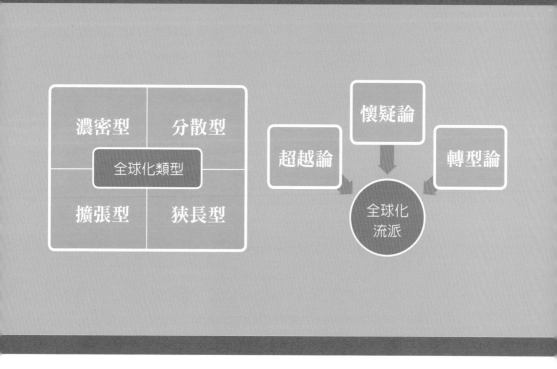

本課重點&圖示說明

↗ 理解全球化的分類與類型。

↗ 理解全球化的流派及其主張。

↗ 延伸全球化發展之實例。

全球化的類型劃分

　　在理解完「全球化」這個動態過程之概念介紹後，本堂課須先就全球化的理論及其類型進行介紹。首先，就全球化的類型劃分而言，援引大衛海德（David Held）等學者所劃分的四種全球化類型進行探討。其包括：（一）濃密型全球化（thick globalization）。（二）分散型全球化（diffused globalization）。（三）擴張型全球化（expansive globalization）。（四）狹長型全球化（thin globalization）。[1]而劃分此類型的基準有四，包括：（一）全球網絡的擴張性。（二）全球往來聯繫的程度。（三）全球交流的速度。（四）全球往來聯繫所造成的衝擊。據此，所謂的「濃密型全球化」就是同時兼具：「高擴張性」、「高強度」、「高速度」、

---

[1] David Held, Anthony McGrew, David Goldblatt, Jonathan Perraton 著，沈宗瑞、高少凡、許湘濤、陳淑玲譯，2001，《全球化大轉變》Global Transformation: Politics, Economics and Culture, 台北：韋伯出版。

「高衝擊性」等特性。而其餘類型則分屬不同特性，包含：「分散型全球化」具有：「高擴張性」、「高強度」、「高速度」、「低衝擊性」。「擴張型全球化」包含：「高擴張性」、「低強度」、「低速度」、「高衝擊性」。同理，「狹長型全球化」則是：「高擴張性」、「低強度」、「低速度」、「低衝擊性」。有關上述對於全球化類型的四種劃分及其基準，茲整理如下表所示：

全球化四種類型劃分及其基準整理表

第一種類型:濃密型全球化	（高）擴張性（高）強度（高）速度（高）衝擊性
第二種類型:分散型全球化	（高）擴張性（高）強度（高）速度（低）衝擊性
第三種類型:擴張型全球化	（高）擴張性（低）強度（低）速度（高）衝擊性
第四種類型:狹長型全球化	（高）擴張性（低）強度（低）速度（低）衝擊性

　　延伸大衛海德等學者的劃分類型，可以觀察出此四種類型皆假設全球網絡的散佈處於高度擴張性的前提下，其往來聯繫的強度、交流的速度及所造成的衝擊強度各異。值得思考的是，在「濃密型全球化」類型中，全球化雖高度的被擴張散佈，卻也一併帶來不同文化間劇烈衝擊的影響。相較於此，「分散型全球化」則是較為理想的模型。然而，根據大衛海德等學者的想法，這種類型在歷史上尚未出現過。筆者解讀，其原因在於，要在高度擴張、快速流動且往來密切的全球化發展之下，國家間互賴程度勢必日益增加。要設法極小化全球往來聯繫所造成的衝擊影響實非易事。而這也正是大衛海德等學者所言，必須受到高度的節制或規範之下始有可能達成。而有關第三種「擴張型全球化」，則較為強調擴張範圍及衝擊影響之層面。然而，此種低聯繫程度、低交流速度的全球化類型，已隨著科技及通訊技術的進步發展而逐漸消退。僅存有少數封閉或是資訊設備較落後

的第三世界國家仍處於此類型之列，這些國家依舊深受到全球往來聯繫的衝擊。最後，「狹長型全球化」所談的，是一種特殊的劃分類型。此種高擴張性的全球網絡，缺乏了旗鼓相當的全球聯繫強度、速度與衝擊傾向。如：早期的絲路即是一例。為了使課堂學生更加明白「狹長型全球化」與絲路之例的關聯，我曾於課堂上播放一段介紹絲路的短片。影片中觀察到絲路沿路有著為數眾多的佛像石窟，顯示了過去這條聯繫東西方交流的絲路，雖是條商品貿易交流的通商之路，卻也是一條充滿不確定性的險路。沿路的佛像提供經商商旅最好的精神慰藉，卻也顯現了當時東西交流速度、強度的不易性。

　　了解上述的全球化分類類型，有助於我們更了解全球化的過去、現在及未來。也許沒有任何一種全球化類型能夠完全適切地說明全球化發展的現況，但，它絕對是幫助我們更加釐清全球化發展差異的方式。接下來，將就全球化概念、結合實際發展過程加以介紹說明。並探究分析全球化的三個流派與實例分享。

全球化的概念與發展

　　全球化除了指涉一種全球往來聯繫日益擴張、深入及迅速化的發展外，也反映了國家之間互賴程度逐漸增加。同時，跨越疆界距離的遠距離活動亦打破了傳統地理觀的概念。有趣的是，現有全球化之概念，事實上可與許多實際發展之過程互相呼應。例如，當我們談到「科技及研發知識全球化」，可與現在跨國公司運用知識之研發改良，進而影響其它同業改變其生產方式之發展結合。上課時，我常以「豐田式管理」作為「科技及研發知識全球化」之例探討。所謂的「豐田生產方式」，主要透過「無庫存管理」及「準時化生產」來消除所有生產環節上的各種浪費。企業可藉此達到保證準時交貨、提高生產效能並降低成本的好處。而這種通過生產流程管理來保證質量的模式也深深影響其它企業。

　　同樣的，當我們談到「生活方式及消費模式全球化」，我會援引同學們都感興趣的西方優勢生

活方式移植、轉移之例說明，如：探討西方社會相當重視的休閒生活態度。以台灣而言，受到西方生活方式的影響，過去不甚流行的「早午餐」（brunch），如今成為一種象徵「悠閒」、「慢活」的風潮。西方的「下午茶」（tea time）風氣，也影響了台灣民眾的飲食消費習慣等。同樣的例子也可以用來說明「金融與資本所有權全球化」。隨著金融市場的管制解除，企業間的併購案例逐漸增加。併購後的企業版圖除了能增加海外據點間的連結密度外，對於資本的運用亦能更加靈活。因此，商業性的活動不再僅侷限於母國或其子公司的個別操作，而是強調一種整體性的營運整合概念。於是乎，當我們將全球化之概念與實際發展結合後，會發現全球化的發展的確是「無所不在」。也正因為此，更增加了深入研究並了解其中意涵及發展的重要性。而要了解箇中涵義，第一步必須理解不同全球化理論之流派，下篇將有更詳細的介紹。

不讓美國的星巴克咖啡專美於前，台灣進軍美國西岸的第一間咖啡品牌（85度C）廣受當地民眾好評。
（照片來源：2010年作者攝於美國加州爾灣市鑽石廣場內85度C）

全球化的流派與實例

　　有關全球化理論論述的三大流派，學者普遍援引大衛海德等學者的分類思維。筆者亦引用其概念延伸彙整如下：**（一）對全球化發展抱持樂觀看法的「全球化超越論」**：認為全球化加速了「去國家化」（denationalization）的趨勢。國家的掌控及干預程度降低，在積極的實施自由貿易措施之下，國家貿易及金融投資活動也將日益活絡。因此，超越論者樂觀預期，全球公民社會的來臨將是指日可待的。**（二）對全球化發展抱持悲觀看法的「全球化懷疑論」**：認為全球化是一項被誇大的事實，也是西方帝國主義思維的另種形式罷了。除了指出嚴重的貧富差距事實外，也表達其認為全球公民社會之理想難以實踐。**（三）對全球化發展抱持折衷看法的「全球化轉型論」**：一方面認為全球化打破疆界限制，使得國與國之間關係愈益緊密，另方面亦承認國家的權力部分的讓渡給其他非國家行為者。因

此，其認為全球化實則是重新調整或重組了政府的權力與功能。大衛海德等學者將上述這三種不同傾向看法視為是全球化辯論中的爭議來源，我則將之解讀為一種對全球化發展立場觀察的對話。三種不同的流派及論點組織起人們理解全球化發展之樣貌，而不論你所支持的立場及觀點為何，先充分理解這些不同學派的看法，亦才具備批判評析其它流派之基礎。

　　以下，將就「全球化超越論」及「全球化懷疑論」之流派，各舉一例說明之。

　　有關「全球化超越論」的實例，我舉的是速食業者麥當勞的例子。課堂上我準備了一段討論關於「麥當勞全球化」（GloMalization）的影片。[2]影片中從介紹美國影響它國文化面向，包含：美國飲食文化、音樂電影、宗教政治……等出發。接著以一則有趣的小訪問作為開頭，訪問目的主要探討麥當勞企業體現在全球化發展中的影響力。片中訪問數名年約七到九歲的小朋友，當訪問者秀出第一張圖片並詢問這些小朋友是否認識圖片中的人物時，多數小朋友搖頭表示不認識；而當訪問者換成第二張圖片時，小朋友全都不加思索的回答正確。最後訪問者揭曉答案，第二張受訪者皆答對的圖片是麥當勞叔叔的畫像，而許多小朋友答不出來的第一張圖片，竟是美國西方基督教文明的精神表徵－耶穌基督。這個訪問突顯麥當勞企業的影響力已如此深植人心。之後，影片還介紹了麥當勞企業在全球化發展下，其成長驚人的規模、員工人數及海外分部的擴散程度。也因為其跨國的擴增海外經營版圖，我們可以看到具有濃厚在地特色的麥當勞餐點。如：在德國，套餐飲料可以選擇搭配啤酒；在日本，可以點選芥末口味的漢堡……等。當然，影片著重探討所謂「麥當勞全球化」的影響力，亦即，該企業成功的經營策略對於其它同業的影響。片中提到：「如果企業不跟上全球化的腳步，那麼就會被遠遠拋到後頭。麥當勞深深體悟此點並

---

[2] 本篇譯自 "McDonald's Globalization?" 短片。http://www.youtube.com/watch?v=R9PzVabquSk.

徹底貫行，如果其它企業不跟上腳步，那麼最終將會失去競爭力。」而當中也探討到，作為速食業者的龍頭，麥當勞一直在尋求創新的改變與進步。並以維持品質及低價策略作為主要的經營手法。因此，麥當勞的實例除了讓我們看到其所形塑的「速食風格」（fast food style），更重要的是，該企業的全球化經營策略及方針，業已透過全球化之力，深遠影響其他跨國企業。

　　而「全球化懷疑論」的實例，我則以探討中國貧富差距之現象為例。根據一則報導中國貧富差距及啓動內需困難之相關新聞指出：中國投入相當於四萬億人民幣之經費，作為啓動國內內需市場經濟計劃之途。然由於國內貧富差距過於懸殊，而導致其推動成效不彰。由於過大的貧富差距，影響國內民眾的消費能力及意願，使得中國啓動內需之困難度因而大增。[3]這篇報導突顯中國貧富差距過大的問題，倘若金融資產僅集中於少數富人之手，那麼擴大內需市場之目的最後終將無果而終。蓋因啓動內需市場之政策，仍須配合國內整體經濟流動之活絡發展。而「全球化懷疑論」者所觀察的，正是因國內貧富差距過大而可能造成的嚴重後果。中國貧富差距過大影響其推動內需市場啓動的觀察即是一例。

---

[3] 新唐人報導，2009，〈中國貧富差距大，專家指內需難啓動〉，http://www.youtube.com/watch?v=P4OI4p1ZDNM.

▶▶▶ 延伸問題回顧及思考

★ 「全球化」有哪四大類型？如何理解並評析此四大類型？

★ 如何結合「全球化」概念及其實際發展之過程？

★ 「全球化」有哪三大理論派別？如何以實例說明之？

第三堂課

跨國連結與全球化實例

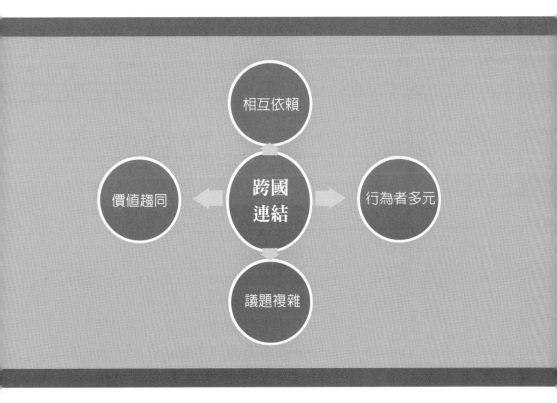

本課重點&圖示說明

↗ 理解全球化的分類與類型。

↗ 理解全球化的流派及其主張。

↗ 延伸全球化發展之實例。

01

撞球模式的引用與延伸

　　全球化趨勢與議題的第三堂課，是探討「跨國
連結」在全球化發展所扮演的角色。而要探討這項主
題，課堂上則是援引波頓（Burton）的「撞球模式」
（snooker-ball model）比喻說明。[1]在此，將「撞球
模式」與「跨國連結」間的關聯及其要點分列如下：

　　一、撞球模式中，各國可用小球來代表，球的重
量及顏色相異。當它們在撞球檯上移動，便會與其他
球產生互動。

　　二、每顆球都有玩家（自身政府的代理人），在
背後施展某種「自主性」，但自主性的運作受限於他
球（即其他國家）的位置和行動。

　　三、若將此模式延伸，白球即代表超級強權。

　　四、將撞球檯視為諸球之間構成的一張如蜘蛛網
般相對脆弱的連結。當各個球和緩的移動（可視為國

---

[1] Burton J., 1972, World Society, Cambridge: Cambridge University Press, pp. 28- 32.

家間運用外交的和平手段），它們會依循這些細網的牽引。當它們激烈的移動（國家間選擇激烈的戰爭手段），便會破壞這些細網。

五、這些細網的模式基礎：貿易、語言、宗教認同、種族性、意識型態、策略聯盟、溝通連結、法律或溝通習慣……等因素。

六、**欲真正了解全球化理論，須了解「有效距離」（effective distance）的概念**。此概念有別於過去簡化的地理距離觀所論述的「實際距離」，其意指權力的影響範圍已不再侷限附近鄰近區域，而是權力真正影響及涵蓋的範圍距離。

七、各個地點的系統性連結愈稠密，它們實際上會愈親近。

事實上，以「撞球模式」比喻國與國之間緊密連結之互動關係，是相當生動且令同學印象深刻的。撞球檯上的各球，就好比國際關係中的各個國家，其作為不僅受到它國相對位置的影響，接下來的每一步都須經過縝密謹慎的評估。若貿然採取激烈行動，將有可能會破壞長遠性的路線及規劃。在論述「跨國連結」的概念中，正是強調這種跨越國家的網絡連結架構，影響著身處複雜網絡下的各個國家。以此比喻破題，更能增加學生對「跨國連結」的聯想力及理解。無怪乎學者麥肯瓦特斯在論述「跨國連結」時，亦引用波頓的「撞球模式」作為理解實例。

而有關「跨國連結」概念與學者之觀點，茲列舉著名的國際關係大師－紀登斯（Giddens）的看法加以說明之。首先，引述紀登斯對於「跨國連結」之定義看法：

> 全球化可被界定為連結遠處各地的世界性社會關係的增強，而其方式是在各地事件被遠處發生的事件所形塑，反之亦然。這是一個辯證的過程，因為這類在地事件會影響其他在地事件，而此過程中行

程的延伸關係又會回過來形塑它們。在地的轉變和社會連結的跨時空擴張同樣都是全球化的一部份。[2]

　　就紀登斯的論點而言，全球化被界定的定義著重在一個「連結遠處」的概念。當在地事件直接間接地受到遠處事件影響時，彼此間的連結關係於焉形成。而依據紀登斯的看法，遠處與在地間的影響互動具有可逆性。也因此，即便是一貫被視為其一舉一動皆具有牽動他國力量的美國，也可能受到別國在地事件的影響而改變。課堂上，我以國家推動不主動提供塑膠袋之環保政策為例。好多年前，為倡導垃圾減量及資源再利用之觀念，台灣許多大型量販店及商家已不主動提供塑膠袋。而事實上，許多歐洲國家早已執行相似的政策計畫。然而，據筆者在美國實地的觀察結果，2011年前正當在其他國家已開始推動並執行此政策之際，美國各大購物商場及超級市場仍普遍提供消費者免費的塑膠袋。然這個現象至2012年4月時，出現了些微變化。受到國際趨勢及他國作為的影響，已有部分的美國賣場商家，逐漸響應不主動提供塑膠袋之政策。而有趣的是，同年8月份，僅僅經過了數月後，美國幾乎八成的商家及賣場已追隨此政策，包括許多知名的大型企業：Walmart, Safeway, Macy's等。美國雖然推動政策的起步較晚，但受到國際間環境意識抬頭的趨勢影響，遂成為影響其態度轉變的重要因素。

---

[2] Giddens A., 1990, The Consequences of Modernity, Cambridge: Polity, p. 64. 亦可參閱Malcolm Waters著，徐偉傑譯，2000，《全球化》Globalization, 台北：弘智文化出版，頁79。

02

🪐 世界緊密連結圖與中國
「物聯網」的實例

　　要將世界緊密連結的概念描繪出來，必須要包
含許多元素。包含：跨國社群、跨疆界問題、跨國組
織、跨國結構及跨國事件……等因素。以下，將嘗試
以此概念之圖形作為解釋說明：

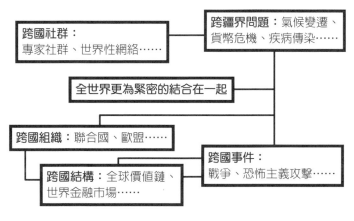

跨國連結：世界緊密連結圖

以下，茲將圖中之說明及整理如下：

一、世界緊密連結圖呈現了世界社會結構的跨國特性。這些綿密的跨國網絡使得世界逐漸變小當中。

二、為因應跨國性問題，跨國性組織紛紛出現。它有以國家為代表的組織，亦有來自跨國公民社會的社群。

三、它們一方面分享了主權國家的權力，另方面也使全球問題的處理增加了其他的解決途徑。

四、隨著全球化的加深與增廣，國家及人民在享受到全球化所帶來的利益同時，亦伴隨著諸多問題。隨之出現的全球性公共問題日益嚴重之際，影響全球性治理概念機制的出現，亦即作出有效的管理與規範。

從以上分析中，可以看出「跨國連結」不僅侷限在經濟活動範圍的全球化，其組成仍包含許多重要的跨國事件及跨疆界之問題。因此，當中亦涵蓋了負面的全球化影響。包含：氣候變遷及全球暖化之議題、貨幣兌換危機與大型傳染病流傳等威脅。而隨著跨國性議題的多元，單靠傳統國家的力量已不足以應付這些事務。是故，非國家行為者的重要性及機制（regime）運作的概念應運而生。以下將以中國的「互聯網」作為介紹跨國連結實例的說明。

課堂中，我以一則介紹中國「物聯網」概念的報導影片作為探討。[3]影片以探討中國於2008年7月開工、2010年7月通車的「滬寧城際高鐵」作為開頭。當中論述的，是中國驚人的完工速度所串連起各大主要城市的連結網絡。其大幅縮短了重要城市之間的距離（如：南京到上海僅須花費73分鐘、上海到無錫僅要30分鐘）。而無錫更是大陸中央及江蘇省所共同簽署同意成立的「物聯網」示範區。無錫國家傳感中心副主任馬曉東也在受訪

---

[3] 文茜世界週報，2010年9月6日，〈信息傳遞無所不在，物聯網產業正夯〉，http://www.youtube.com/watch?v=SjMZz8g7LXo&playnext=1&index=3.&list=PL91BBCCF65CE3D190

報導中，對「物聯網」之概念進行介紹。他說：

> 物聯網就是你在家裡，也可以感知到世界每個角落。森林、瀑布、
> 農場，還有你能感知到的地鐵、航班。再放大一點的講，物聯網為
> 大家提供的是，你在任何地方，都能提供到你人不在、人不能去的
> 地方之所有信息。而因為有了這樣的信息，任何時間、地點信息你
> 都能夠感知到，所以任何時間、地點的服務，你都能夠享受到。

　　因此，任何能傳播這些訊息的工具（如：隨身攜帶的手機），皆能有
效促成一個訊息傳送無國界的「感知企業」。據無錫國家傳感中心副主任
馬曉東的介紹，2010年1月於無錫成立的「物聯網新興示範區」，正是將
「物聯網」核心晶片的發展、無線通信設施、網路路由設備及大規模低成
本的先進工業傳感器等實體化的集中運作管理。而發展「物聯網」其中一
項最重要的目的，就是要積極制定統一的標準，進而連結全球成一個感知
的世界。未來，「物聯網」內將會聚集各式各樣的公司類別，而其背後帶
來與世界的連結及經濟上的發展效益將指日可待。

03

跨國連結的特質與實例

　　有關全球化下跨國連結的幾項特質，可彙整如下所述：

　　一、全球化強化國家之間聯繫的廣度與深度，亦即，國與國之間的高度相互依賴已成為全球化時代的重要特質。

　　二、全球化促使全球市場與觀念的趨同，尤其是美國價值觀念與消費文化在世界範圍的擴張。

　　三、全球化象徵著非國家行為者，如：跨國企業、國際組織、非政府組織，甚至是國際恐怖團體等的活動範圍，不但超出了國界，其對國際政治經濟活動的影響亦日趨重要。

　　四、全球化也意味著在面對日漸增加且日趨複雜的全球公共問題時，主權國家在管理能力上顯得不足。

　　以上特質論述，不僅將全球化視為一種動態的發展過程，更突顯了國家間高度相互依賴的特質、與

發起於美國的可口可樂公司，擅長以創意的行銷將其產品推銷至全世界。圖為可口可樂門市以其特殊的產品瓶身作為門市外觀。
（照片來源：2008年作者攝於美國內華達州拉斯維加斯）

非國家行為者角色之重要。當跨國連結隨著全球性複雜公共問題的不斷增加時，國與國之間更仰賴超國家合作機制之解決途徑。有關跨國連結之實例，則援引可口可樂全球化的實例分享。

　　從可口可樂全球化與跨國連結的實例中可看出，可口可樂企業透過海外的投資與設廠，如今已成為全球第一大的飲料供應商。自1891年藥商艾薩坎德勒（Asa Candler）購買可口可樂公司開始，其利用短短四年的時間將公司規模擴及海外50多個國家。1929年海外更是擴增到64個工廠。[4]而有關可口可樂全球化的另個有趣案例，我則會以上述播放影片中內的一

---

[4] 本篇譯自：Globalization & The Coca-Cola Company, http://www.youtube.com/watch?v=x9Pcu ZSUxnk&feature=related.

則可口可樂舊廣告當作探討主題。在這則可口可樂早期的宣傳廣告中，描繪著一群人望向遠方、面帶微笑的手持可口可樂飲料瓶，並齊聚一起大聲歌唱。在這短短幾分鐘的廣告中傳達了其意義深遠的意境。首先，影片中這些人物不分種族、膚色、性別、身份…共處一地，象徵可口可樂欲傳達其行銷至國際之策略無遠弗屆，不因地域的限制及人種膚色之差異而有所別。此外，這些不分種族的男女老少和諧的聚在一起，間接地宣傳欲傳遞給消費者「和平」、「希望」之正面品牌價值。因此，這則廣告也成功的為可口可樂公司打開跨國市場加分。

▶▶▶ 延伸問題回顧及思考

* 何謂「跨國連結」？請說明你的觀點，並列舉一實例說明。
* 何謂「有效距離」？試說明與傳統的地理距離有何不同。
* 如何以「撞球模式」解釋全球化下的「跨國連結」？
* 如何描繪出「跨國連結」下的世界緊密連結圖？又你是如何分析此張圖？

第四堂課
全球化與在地化

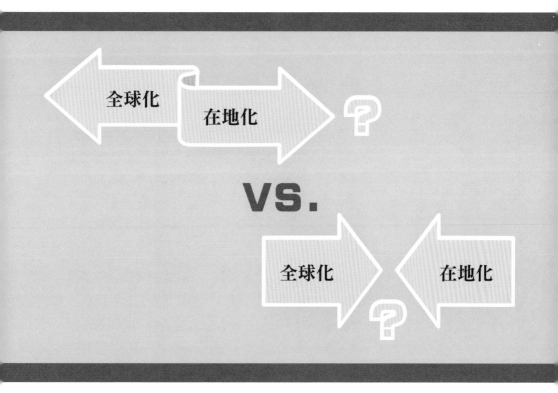

本課重點&圖示說明

↗ 理解全球化與在地化的定義區別。

↗ 理解全球化與在地化間互動發展之路徑。

↗ 思考兩者間良性整合之發展。

01

全然的一分為二？

　　在思考全球化與在地化的分立或整合的概念前，須先就兩者間的定義做出詮釋。「全球化」意指透過一種由外而內的穿透性，打破傳統疆界國土的界線。而這樣的網絡連結有助於促進區域與區域、國家與國家之間的相互多元關係。而「在地化」指涉的則是關注來自於本土及內部的需求，著重國內層級的利益、價值及文化層面。利用在地的本土性關懷，關注在地居民的權益。根據上述的定義檢視全球化及在地化主要關切之議題趨向，則可歸納為：（一）全球化關注的議題趨向：(1)全球擴散：如疾病與傳染病的擴散議題。(2)跨國犯罪：如非法移民與毒品走私問題。(3)數位通訊：如科技及數位落差議題。(4)智慧財產權：價值認知之差異。(5)金融市場：國際金融體制之差異。(6)和平與安全：安全概念認知標準及相互依賴程度差異。（二）在地化關注的議題趨向：(1)本土環境：地方疾病防治與醫療衛生議題。(2)人口

小樽市保留了原始運河的傳統風貌，實為結合傳統與現代交融的優美城市。
（照片來源：2013年作者攝於日本北海道小樽市小樽運河）

居民：原住民與外來人口之議題。(3)本土文化保存：本土文化與外來文化之議題。(4)本土經濟：貨幣及供需穩定之議題。

　　然而，思考全球化與在地化的發展，研究視角是否全然地將其一分為二？答案顯然是否定的。誠如學者詹姆斯羅斯諾（James Rosenau）所言：

> 儘管全球化與在地化之間乃為兩種發展迥異不同的邏輯概念，但其本質上並非衝突性的既存關係，透過治理網絡的概念，將資訊進行有效的轉置，並重新定義全球化與在地化本身的影響模式，全球化與在地化之間將有良性互動的可能性。[1]

　　從羅斯諾的觀點可觀察出，若將兩者的概念全然分開，那麼兩者的定義勢必是迥然相異的邏輯。具體的將兩者的概念融合，則可重新定調全球化與在地化間之關係。意即，若將全球化及在地化之發展視為完全相對的概念，那麼就像兩條沒有交集的平行線。然事實則是，全球化及在地化之間確實能有提供彼此良性互動之可能。根據羅斯諾針對全球化與在地化互動模型的結合，我們可以清楚看到全球化力量及在地化力量的交互影響。若能正向運用彼此力量，則能收借力使力之功效。因此，接下來將討論兩者間存在整合發展之相關論述。

---

[1] James N. Rosenau, 2003, Distant Proximities, NJ: Princeton University Press.

02

✦ 思考整合的可能

　　若非將全球化（Globalization）及在地化（Localization）視為一分為二的思考，那麼結合兩者的另一個思考，便是將全球化及在地化之邏輯概念融入彼此，並結合兩者之優勢加以發展。延伸羅斯諾之觀點，資訊的流通及網絡的多元互動性，調節了全球化及在地化力量之角色。透過概念行銷、轉化及衝突、接受的過程後，逐漸融合成一個雙元互動的關係。首先，要介紹「全球在地化」（Glocalization）的概念。「全球在地化」可以視為是全球化力量的在地呈現。在全球化的擴散邏輯中，全球化的優勢及好處帶來了許多生活上的便利及資訊的流通。而這些訊息的交流、匯集及散佈，能夠減少對在地力量的直接硬碰硬衝突。例如：傳統美式速食連鎖麥當勞企業融入不同的在地文化特色，在日本可以點到芥末口味的漢堡；而在德國，附餐飲料則可以選擇一杯啤酒作為搭配。飲食文化

中國福州境內的美式咖啡連鎖店保留
了當地的傳統風貌，極具地方特色地
成為中西文化交融的最佳寫照。
（照片來源：2010年攝於中國福州）

的例子是如此，其他消費型的文化型態亦然。如此不僅能展現在地文化之
特色，也能引起當地文化的共鳴。

　　此外，有關「在地全球化」之概念，我們可將之視為是在地力量的
全球回應。亦即，在地力量利用全球化之力量，向外行銷在地文化之特色
與價值。據此，便能將在地力量的核心思維，透過資訊交流及散佈之過程
回應全球化之影響。例如：2010年於台灣台北舉辦的國際花卉博覽會，
即利用傳媒及至各大國際機場宣傳活動之方式，將台灣的園藝花卉文化結
合全球化之傳播媒介，將地方文化活動結合觀光行銷國際。如此，型塑該
活動的「全球視野，在地特色」。而透過這樣的結合，使得在地的特色及
影響，能夠藉由全球化的宣傳媒介向外行銷。進而達到利用全球視野擴展
在地特色的宣傳好處。是故，全球化之力量不再成為在地文化發展的絆腳

石，也不再與地方文化發展空間互斥。

　　總的來說，不論是「全球在地化」或是「在地全球化」之概念，均提供了融合全球化與在地化發展之另項思考。全球化之概念，不再僅是強調跨國活動的普世影響程度；而在地化之內涵亦不僅侷限在區域內的情感交流。全球與在地文化的融合，乃藉由對當地文化的了解到結合，並非純然的橫向移植。兩者間雖有文化層面、多元性邏輯、競爭策略及擴張面向等的差異性，然隨著時代變遷，純然的分裂與衝突已無法為文化的發展及保存提供一帖良藥。反之，嘗試打破區域及文化差異的藩籬與障礙，將傳統和現代的文化趨勢融合，將有助促進地方與全球文化發展間相輔相成的關係。更重要的是，激發在地創意的思考與利用全球化力量之優勢行銷，將是未來推動文化發展的一項潮流。

03

整合的實例探討

　　有關全球化及在地化的整合實例，本篇將舉出兩個例子探討。其一是大型跨國企業可口可樂公司的「全球在地化」策略。第二個案例則是南韓首爾被評選為2010年世界設計之都之例。可口可樂公司配合2010年世界盃足球賽的舉辦，製作一首名為Waving Flag的廣告宣傳歌曲。[2]該曲原始版本發行後，旋即受到各方關注及歡迎，一度還被外界誤認為是世足賽的官方代表歌曲。然而，值得注意的是，可口可樂公司配合了不同地區文化及風俗民情，進而將其原始版本之內容改編成不同區域的歌曲版本。改編部分涵蓋：歌曲名稱、歌曲節奏、演唱歌手、MV畫面場景等等。諸如：中國的版本內容融入電影「少林足球」的部分橋段、泰國的版本內容則融入著名的叮噹車及四面佛等。而這也成功打造可口可樂公司欲引起

---

[2] "Wavin' Flag (Coke Cola Celebration Mix)", 2010, http://www.youtube.com/watch?v=WTJSt4wP2ME.

✦ 「全球化」與「在地化」的定義區別是?

✦ 何謂「全球在地化」?或「在地全球化」?請列舉實例說明。

✦ 請說明你(妳)自己是如何看待全球及在地文化間的融合(抑或是衝突)?

區域民眾共鳴的訴求。因此,我們可以從這個例子中觀察到幾項「全球在地化」的策略,包括: (1) 針對區域調整全球性策略。(2) 打破語言障礙。(3) 突顯地方特色。(4) 同質產品創造差異。(5) 各地方與世界產生差別。從可口可樂的例子中,我們看到全球化與在地化結合的成功例證。

全球化與在地化的整合,除了反映在跨國企業的經營策略上外,也可以具體反映在國家或是城市的發展。以被「國際工業設計協會大會」評選為2010年世界設計之都的南韓首爾為例,結合在地創意與設計的元素,將「設計首爾」的意象結合觀光傳遞並行銷世界。執行「設計首爾」概念的四大元素包括: (1) 藍:天空。(2) 綠:江水、植物。(3) 歷史:寺廟、儒教。(4) 人。[3]首爾市相當重視重整過去歷史所遺留的珍貴遺產,致力保存並重建在地文化的建築特色。因此,從漢江文藝復興計畫的執行到城市文化古蹟的保留等,顯示了首爾朝向傳統與現代融合發展之企圖。而這項發展路徑也成功促使首爾打敗眾多世界知名城市(米蘭、紐約、巴黎等),獲得國際大會評選肯定的殊榮。首爾的例子也確實反映了世界潮流重視融合在地文化特色之趨勢。

---

[3] 有關「設計首爾」之相關系列報導可參考:文茜世界週報,2010年9月6日,〈世界設計之都,首爾躍升世界級城市〉,http://www.youtube.com/watch?v=SIHHWuD-3ag.

經濟全球化
——自由貿易與國際分工

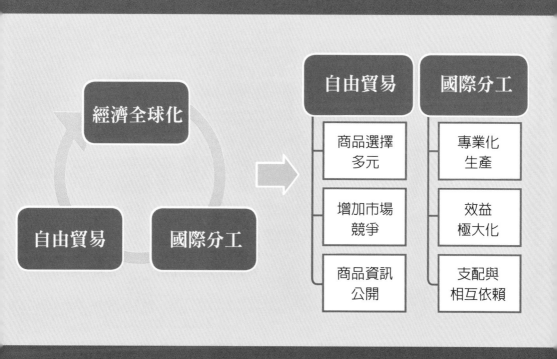

本課重點&圖示說明

↗ 理解經濟全球化的概念與發展。

↗ 理解自由貿易對國家及市場的影響。

↗ 理解國際分工的趨勢與轉變。

01

一個課堂模擬自由貿易的小遊戲

　　前幾堂課中,我們已針對全球化的概念做了基礎性的介紹及認識。透過全球化研究的初探、了解跨國連結的特性及其與在地化之間的整合發展。接下來,便是要具體探討「經濟全球化」的範疇。本堂課要討論的是在「經濟全球化」之下,世界貿易與國際分工的議題。在談論自由貿易的主題前,我喜歡以一個模擬自由貿易的小遊戲當作開場。首先,我統一設定一項自由貿易的商品(如:手錶),接著,請各組同學開始討論並設定商品功能及其建議售價。當各個小組的討論結果初步確立後,再請各組安排其中一位同學到其他組別進行詢價。詢價後,在有限時間之內,將詢價後的資訊帶回原來的組別,並與該組同學進行討論及考慮是否要改變原始價格。最終結果出爐後,請各組指派一位同學到台前,依序與所有同學分享他們最後決定的商品跟售價如何。

自由貿易活動盛行，商店百家齊放
的香港。
（照片來源：2013年作者攝於香港上環）

　　這個操作看似簡單的小遊戲，實則透露出相當多與自由貿易相關的重
要意涵。首先，我們可以從各組的商品功能設定中，看出年輕學生在產品
設計及功能想像上的無限可能。有的組別設定手錶具有：記步器、血壓計
等健康功能；有些則設定：可使用太陽能充電、耐低溫、可供照明等實用
功能；最天馬行空的是，有些組別設定：可發出麻醉槍、可計算熱量及可
發出求救煙火等琳瑯滿目的功能。值得注意的是，有些組別雖不附加任何
功能在商品上，但卻打出客製化及全球限量發行的銷售策略。而在商品定
價方面，可以看出商品價位設定上的趨同佔了大多數；僅有少數幾個組別
往兩個極端分散。有趣的是，當我詢問各組是否在詢價過程後，改變了原
始設定的建議售價。結果是：多數原本設定價格趨近的組別略作微調、而
極端分散的組別則是維持原來的定價不變。
　　我將上述的結果與自由貿易的關聯作了幾點整理與觀察。首先，**在自
由貿易市場下的商品選擇及功能性更加多元**。自由市場刺激產品功能的多
樣性，為消費者提供了更多選項。其次，**自由貿易增加了市場上的競爭，**

隨著全球化的趨勢，跨國商
家林立的札幌市鬧區。
（照片來源：2013年作者攝於日
本北海道札幌市）

有利促進商品售價的整體降低，同時也促成了多數商品價格範圍的趨同。
因此可降低消費者取得商品的平均門檻。最後，相較於過去，商品資訊及
交流不再是封閉的內部流轉。**自由貿易使得生產者及消費者對於商品資訊
的取得更加公開透明**。儘管，自由貿易機制對於那些原先設定極平價或極
高價的商品生產商影響不大，然而，卻足以對多數經濟活動下的生產者、
消費者產生重要影響。伴隨著經濟全球化下的自由貿易活動，確實已對現
代國家造成舉足輕重的重要性。

 貿易的重要性及可能引發之問題

　　談論到貿易行為的歷史由來已久，然在民族國家興起後，更加確定世界貿易活動的隨之興起。貿易能為國家收入提供來源，是故，可將貿易在國內生產總值中所佔的比例視為一個觀察值。**貿易活動將世界各地的市場連結起來，不僅連結不同區域的生產者及消費者，也建立起彼此間的認同及互賴關係**。貿易活動更是經濟全球化的起源及持續之基礎。在全球化的影響之下，隨著世界貿易規模的擴張，跨國界的貿易活動佔世界產品的比例亦逐漸增加。經濟全球化使得國與國之間的商品與服務交換更為頻繁密集。而經濟全球化下的貿易全球化更能為全球提供一個商品交易的市場平台。在這個平台中，隱含著調節商品與貨物交易秩序的機制。而任何兩國間的貿易行為，亦都可能對其他國家的貿易關係產生影響。

　　在貿易活動中，受到運輸成本及保護政策降低

的影響，全球商品價格漸趨一致。促使各國必須尋找對自身較有競爭優勢的因素，使其能在貿易中獲利。例如：具有豐富天然資源的大國以輸出資源而獲利、工業化大國以輸出工業製造品獲利等。因此，在開放貿易及貿易活動興盛發展之下，**國家生產的商品將朝向更加專業化的路徑發展**，整體優勢生產之數目亦隨之提高。隨著國際貿易活動比例及需求的增加，促使國家重視全球貿易規則的秩序與原則性。世界貿易組織（WTO）中即明訂各國應遵守的全球貿易規範，包括：（1）無差別待遇之最惠國原則。（2）互惠原則。（3）透明性。（4）公平性等原則規範。

　　然而，在經濟全球化下，世界貿易仍可能引發諸多問題。包括：**（1）收入分配不均問題**：在優勢產品獲得利潤下，可能會導致生產收入分配不均而使得獲利資金嚴重傾斜。**（2）國內外競爭問題**：全球市場中的貿易行為，運輸成本及國內依舊存在的保護措施，成為國內與國外廠商競爭上的阻礙。**（3）寡頭壟斷問題**：在全球市場上，出現由少數製造商支配貿易部門的寡頭壟斷情況發生。造成例如：微軟公司被指控壟斷電腦作業系統的案例。在各別國家經濟體深化整合的緊密連結下，全球貿易關係的增加亦會一併影響國家對於商品需求及價格變動的敏感度。一旦國家經濟過度依賴全球貿易活動，則勢必需增加適應外部經濟波動的應變能力。若否，則易造成內部經濟動盪與不穩定的負面影響。而這也正是全球化懷疑論者所擔憂的。因此，在新全球經濟的互動與潮流下，各國政府必須學習調適自身以接受經濟全球化的力量。在維持國家某種程度上的自主性與兼顧經濟活動所帶來的獲益好處下，尋求對國家有利的經濟資源及市場策略。以因應國家在不同經濟發展時機下的統合及管制能力。

03

⭐ 國際分工

　　傳統國際分工的討論早自1776年的亞當斯密
（Adam Smith）開始，便提出專業化分工的理
念。將勞動的完善分工視為是企業財富累積的重
要因素。而1978年弗羅貝爾（Frobel）等德國學者
提出「新國際分工」（New International division
labour）後，便引起許多學者對於新的國際分工概念
之詮釋。Frobel等學者在文章中提到：

> 商品生產正被分散數個片段，分派給世界任
> 何一個部分，提供資本與勞動最有利的結
> 合……，新國際分工發生的主因有三，第
> 一，技術的進步使得距離對於生產的重要性
> 減少。第二，技術進步簡化了複雜的生產過
> 程。第三，開發中國家提供了大量的廉價勞
> 力。……由於新國際分工具有技術性格，故

其為生產全球化的機制。[1]

　　在「新國際分工」論引入技術的角色後，貿易全球化帶來全球競爭與生產方式的轉變，使得低成本的生產者具有更大的競爭優勢。在全球市場不斷加強競爭力的影響下，各國對於勞動力的需求亦隨之增高。當世界貿易越來越著重專業化生產的方向發展時，社會各生產部門間的專門化分工程度則隨之提升。國際分工的產生，會帶來支配及相互依賴關係的生成。核心國家多從事資本密集或高附加價值的生產；而邊陲社會則從事勞力密集或低附加價值的生產。事實上，現今許多已開發國家在國力興盛發展前，也多半是從傳統製造業發展起家。然而，隨著工業化的精進發展，促使製造業在已開發國家可獲得的利潤已然降低。這些已開發國家對於所需勞工的數量需求自然也就相對減少。

　　國際分工是經濟全球化發展之下的必然趨勢，國家需要找尋適合國家發展的路徑。在比較利益原則的評估下，利用各國的有利資源達到效益的極大化。這對於資源輸出及輸入國而言，都是一項發展機會。例如：人力資源豐沛的國家輸出低廉勞力，與接收人力資源的國家同等受惠。因此，不論國際分工的模式是水平分工亦或是垂直分工體系，總體上均能達到一體均霑的雙贏。然而，若是考慮到收益分配的比例性，則出現許多爭議的討論。包含：全球化懷疑論者對大型企業的收益分配不均便提出了質疑，認為工人能獲取的微薄工資不足與企業背後所賺取的高額盈餘成正比。然而，誠如Frobel等學者對於國際分工所提出的觀察，這樣的結合或許並非完美，但仍提供資本與勞動之間作了最有利的結合。

---

[1] Frobel et. al., 1978, "New International division of labour," Social Science Information 17, No. 1, pp. 123-142.

►►► 延伸問題回顧及思考

✦ 「自由貿易」是甚麼?它又是如何地影響你／妳的生活?

✦ 「自由貿易」的發展可能會引發哪些問題?你如何看待這些問題?

✦ 評析「國際分工」與「自由貿易」間的關聯性。

經濟全球化
——跨國企業與勞動遷移

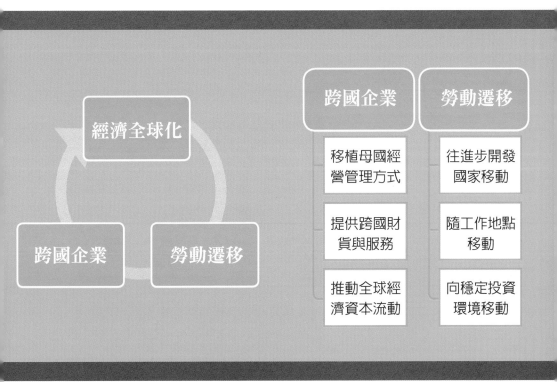

本課重點&圖示說明

↗ 理解跨國企業扮演角色及其責任。

↗ 理解勞動遷移的成因與問題。

↗ 反思非法移民合法化的正當性。

01

跨國企業扮演的角色及影響

　　跨國企業在經濟全球化時代下扮演的角色舉足輕重。其影響範疇涵括貿易、金融、科技及文化等層面。多數的經濟活動及自由貿易亦受到跨國企業的指揮與影響。現今,對跨國企業的定義不僅侷限在管理母國總部外的控制、管理與投資活動;而是將所有跨國性的生產財貨及服務提供等範疇都包含在內。引述威金斯(Winkins)對跨國企業及其相互關聯網絡的定義:

　　跨國性的企業並未離開A國家到B國家。當其超出母國的疆界,散佈到無數東到國家中時,仍將總部留在國內。跨越母國政治疆界之外的,是企業提供的整套管理、統治和組織能力。……跨國企業建立,獲得並管理一

組相互關聯的商業網絡。[1]

　　由威金斯對於跨國企業的觀察可知，跨國企業不僅只是向外擴增其經營規模，更重要的是，將其在母國發展的經營方式移植至總部之外的其他地區。跨國企業不僅藉由外國直接投資（FDI）對海外的子公司運作進行融資，這些在其他地區發展的子公司亦能藉由獲利為其擴展海外的生產市場。此外，透過組織性的國際生產模式，跨國企業可以有更多管道取得海外較低成本的生產優勢。是故，跨國企業的運作已佔經濟全球化發展過程的中心，其海外生產已逐漸成為國際生產鏈的一環。

　　隨著時代發展，跨國企業的競爭不再僅限單一的產品或科技產品。取而代之的，是創新的發明與設計。以日本Sony公司推出配合3D電視使用的眼鏡技術為例，過去諸如Panasonic、Samsung、LG等公司均曾推出3D眼鏡的科技。Sony公司研發並改善過去多數使用者使用3D眼鏡會產生的眩暈不適感，推出了標榜不易頭昏的眼鏡技術。其功能特性包括：（1）採用非偏光片鏡片設計，能減少閃爍帶來的不適感。（2）強調更好的包覆性效果，能調整鏡架、鼻墊、鏡臂等，增加使用者配戴上的舒適感。（3）採用主動式快門技術，增強使用電力表現及設定開關等。Sony公司的創新，使得新產品在國內、外市場推出均獲得良好的評價。這在在顯示了跨國企業的科技創新成為企業跨國性生產的優勢來源。另外介紹一個關於紡織及成衣產業的跨國企業實例，稱之為「班尼頓模型」。班尼頓起初是一家小型的家族性針織衣物公司，自1980年代已擴張至全世界的主要市場中。這間全球具有上千家分店的跨國商業公司，由來自義大利瓦倫多地區之總公司

[1] Wilkin, M., 1994, "Comparative hosts," Business History, 36, pp. 24-25. 引用內容亦可見David Held, Anthony McGrew, David Goldblatt, Jonathan Perraton著，沈宗瑞、高少凡、許湘濤、陳淑玲譯，2001，《全球化大轉變》Global Transformation: Politics, Economics and Culture, 台北：韋伯出版，頁292。

直接控制，公司運用了先進的通訊系統來監控並管理全球分配之市場。這樣的母國及子公司之間的一套管理生產體系，組織起由班尼頓公司所主導的跨國性生產網絡。這樣的網絡組織同時含有水平的操作及垂直控制之組合。

　　跨國企業對於推動全球經濟資本之流動貢獻良多，它提供系統性的、組織性的推廣從國外移植而來的經營思維，進而促進熱錢的流動。同時，亦使得多數民眾得以在國內，也能享有它國企業經營生產的多項產品選擇。然而，我們也需要謹慎思考的是在跨國企業經營獲利的背後，是否以犧牲它國勞工、人民的福祉與權益作為代價。亦即，跨國企業最常為人所詬病的不當剝削及打壓民間小型企業等爭議。在跨國企業帶來許多便利與技術革新等好處的同時，我們也需正視跨國企業經營的正當性及其企業倫理的責任與實踐。

勞動遷移

　　受到全球化趨勢及跨國企業活動興盛發展下，加速了勞動遷移的速度及廣度。國與國之間日漸密集的交流活動，也直接間接地促進國際人口間的位移幅度。受到全球化的影響，通訊設施的發達及交通運輸成本的降低，促使國際人口移動的限制及門檻一併下降。分析幾項造成勞動遷移現象之因素包括：（一）**往進步開發國家移動**：隨著全球化打破國界的藩籬，各地居民為追求良好的生活條件及環境，會傾向往先進開發國家之方向遷徙移動。先進開發國家通常意味著生活水平及居民素質的穩定，也代表著各項教育與福利措施的健全與保障。據此，成為勞動遷移的首要考量因素。（二）**隨著工作地點移動**：隨著跨國企業規模之擴大，勞動人口亦將前往工作地點方向聚集。不論是高階菁英分子或是底層的勞動人士，均有可能受到資本市場及勞動力市場的影響而遷徙移動。（三）**向穩定有利的投資環境移動**：受到全球生產體

系結構的重整，外來投資者會向外尋求金融環境及貨幣機制相對穩定的地區發展。而穩定的投資環境亦包含了該國政府之貿易政策是否迎合跨國企業之需求及期待。綜上，受到上述這些因素的影響，不論是永久居民抑或是短期居留，這些勞動遷移現象都象徵了國際人口隨著全球化的影響，使其移動更加密集，這同時也帶來了跨國文化上的接觸與交流。從環境的適應、人才的流轉再到文化的交融，在在都與經濟全球化下的跨國藩籬消弭有關。

勞動遷移也一併帶來諸多問題，包括：（一）**文化適應問題**。伴隨著文化差異恆常帶來了各民族間生活習慣、認知觀感等差異。這些差異輕則透過多次的文化接觸而融合適應，重則將導致程度不一的種族歧視爭議。（二）**人口分佈不均問題**。多數勞工為尋求在較為穩定之環境下工作，逐形成一股移往較高薪資所得或較高生活水平之國家移動的趨勢。而這亦會導致勞動人口多朝向較富裕的北方國家前進，而無法在勞工南北分佈比例中達到平衡之主因。（三）**非法移民問題**。伴隨勞動遷移而來的另項嚴重問題，就是各地的非法移民管理與管制議題。多數國家為鼓勵經濟發展，朝向逐步鬆綁對外國移民限制數量與規範之路徑。然而，卻仍舊阻擋不了來自各地為數眾多，以非法名義居留或工作的勞工數量。而嚴重的非法移民更會導致進一步的相關社會問題，如社會福利措施、教育、納稅…等。國家政府是否應讓非法移民合法化？是立即性抑或是有條件性的合法化？還是應反過來將所有相關合法化非法移民之規範或限制廢除？這些與勞工遷移及非法移民相關問題都考驗國家政府的決策智慧。

03

 ## 國家是否應讓非法移民
合法化？

　　隨著全球化趨勢及日益嚴重的非法移民問題之
下，國家是否應讓非法移民合法化？若以美國作一
實例，美國在歐巴馬總統任內曾於亞利桑納州施行
嚴格的移民法規，此舉卻引起社會激烈的抗爭活動
及討論。有關非法移民在美國境內應享有多大的權
利及負擔多少之義務問題，曾於美國「焦點對話」
節目中提出正反雙方之討論。[2]中國時報華盛頓特派
員劉屏代表主張應讓非法移民合法化；而民權活動
家及政治活動者龔小夏則是代表反對的立場。以下
將呈現節目部份訪談紀錄之內容，以作為後續討論
參考。

　　　　主持人（問）：非法移民是否應讓他們合法
　　　　　　　　　　　　化？妳是如何看這個議題？

---

[2] 焦點對話，2010年5月 28日，「美國是否應該讓非法移民合法
化？」，http://www.youtube.com/watch?v=1GsAqVveJVs.

龔小夏（答）：美國移民合法化曾試過一次，在雷根時代曾經大赦
　　　　　　　過一次。覺得這可以解決以後大家都合法來美國。
　　　　　　　實際上，在這個（事件）以後，非法情況卻越來越
　　　　　　　嚴重。如果將非法移民一下合法化，以後可能會鼓
　　　　　　　勵更多的非法移民、造成更多的問題。

主持人（問）：劉屏先生，您怎麼看？

劉　屏（答）：所謂的合法化，並不是單一的。今天你沒有身分，
　　　　　　　馬上就給你身分。而是一個通盤的問題。所謂的合
　　　　　　　法化，包含了今後要繳稅的問題、包含了以後要在
　　　　　　　哪登記註冊的問題、包含請領證件的問題、包含過
　　　　　　　去的紀錄問題。你能不能在你的母國拿到類似於良
　　　　　　　民證（身分證），讓美國人對於你的過去有個瞭
　　　　　　　解。這是一個通盤的作法。

主持人（問）：所以您認為應該還是要讓他們在一定程度上，身分
　　　　　　　合法化？

劉　屏（答）：是的。非法移民的最大目的是他們希望能追求一個
　　　　　　　好的生活。今天美國人在這個地方，不論哪種膚色
　　　　　　　的人都是抱著同樣的理想來到美國的。今天我們自
　　　　　　　己有了這樣的權益，也應該讓後面的人也享有這樣
　　　　　　　的權益。
　　　　　　　　　這裡頭談的是兩個不同的問題，現在在談馬上
　　　　　　　合法化談的是所謂的大赦。這是很多左翼組織所要
　　　　　　　主張的。實際上美國政府，包括反對這些大赦的
　　　　　　　人，也不是這些移民以後不非法化。而是移民是要
　　　　　　　排隊的，你們應該回去拿好所有證件後重新再排
　　　　　　　隊。這是一個合法化的過程，也是一個很長期的過

程。一般來說，我們得（等）好幾年。我覺得這是很公平的，每個人都等，因為美國這個國家是大家都想來的地方。

主持人（問）：請問劉屏先生，剛您說很多人到美國是為了尋求更好的生活。這是很自然的，人都有經濟、政治等各方面的追求。但若是大家都追求好的生活，都跑到美國，那麼是不是都應該讓他們合法化呢？美國實際上，已經在移民問題上採取非常人道的立場了，您怎麼看呢？

劉　屏（答）：所謂的合法化，也不是一夕之間所有的人就通通的漂白了。原來他應該要有一個時間表，但最重要的是，要讓這些人有個希望。今天有很多的黑戶，因為不知道甚麼時候能合法化，所以他們就被老闆打壓。一個月拿非常零星的錢，作非常勞苦的工作。我們要給他們一個希望。而給這個希望的同時，也就是讓他們的雇主，不再能夠壓迫他們。所以一定要給他們合法化的機會，而訂立一些期程、訂立一些條件。

龔小夏（回應）：說起來這個機會是從來有的。美國是個開放移民的國家，像美國對墨西哥有大量的農業移民、農業工作簽證，這是有隊可排的。實際上，這裡說的問題並不是說有沒有一個合法化的機會，這個機會是一直有的。這裡說的是要不要排隊，不能因為非法時間長了就馬上合法，這是爭論的要點之一。

主持人（問）：我們知道在成為合法化之前，在福利方面面臨了很

大的問題。移民改革一個很大的爭論是，非法移民是否應該享受和合法移民、公民一樣的社會福利，比如：醫療保健、教育等等。我想聽聽小夏的意見，你怎麼看？

龔小夏（答）：這裡頭有個問題，如果非法移民落地之後馬上可以享受所有福利的話，美國的福利系統甭過了。這裡有個很大的問題是，美國是一個移民國家，傳統來美國都是來幹活的。如果把移民的重點變成，我們來是為了享受福利的，那麼這個國家的本事就被毀了。

主持人（問）：那麼你的意思是非法移民不應該享受福利？

龔小夏（答）：不應該馬上享受所有（福利），不應該用福利來吸引非法移民。

主持人（問）：劉屏先生，您怎麼看呢？

劉　屏（答）：好的，如果我們反過來講，今天有一個移民，他感染了傳染病，他沒有辦法獲得適當的醫治。這個對他個人、他的家庭、他的社區、整個美國都會因此受到不良的影響。所以很多所謂的福利，不是說我們要加給他甚麼，而是基於他實際的需要，基於我們社區共同的需要而應該給他的。另外有關擔心制度會崩潰的問題，交保費、讓保險制度正常運作，本來都是應該的。今天不論你是合法或是非法，每個人都是根據你所負擔的、根據你的能力，享有你本來所應該有的。很多人到美國來，不是來圖這樣的福利，只是因為他在這個社會當中，我們應該加給他應有的權益。

主持人（問）：您剛剛提到的生病是比較極端的例子。我們想知道

比如說在加州或是亞歷桑納州的移民人數非常多，尤其是非法移民，這些州的居民就認為，非法移民的孩子不應該享受教育，因為他們沒有交稅。但這同時讓公立教育的制度帶來很大的負擔，那麼小夏你怎麼看這個問題？

龔小夏（答）：我就知道好些例子說，13歲有個非法移民過來，墨西哥普遍都知道說法，你過去第一件事就是生孩子。生一個（補助）六百塊，生十個你這一輩子就有保障了。這六百塊只是給他的生活費，還不包括孩子每年受教育，每人的教育費用國家要負擔兩萬美元左右。還有國家有免費提供醫療保險，每人每年是四千美元左右，每生一個孩子每年要納稅人花費大約三萬五千塊左右。如果非法移民來了又非法不工作，或是工作非法居住，你不交稅，那這個稅款誰來出呢？

劉　屏（回應）：我想這有個問題，今天這個人為什麼會來美國，是因為有人雇用他。事實上，在美國移民改革有個很重要的關鍵是，我們要杜絕小偷，就是要斷了那個銷贓的路子。今天正是有人雇用非法的外勞，所以才造成非法移民的猖獗。如果不能從根本上來著手，你不去處罰那個雇他的人，卻處罰那個想要追求更好生活的人，我覺得是不公平的。

龔小夏（回應）：這個法律上是都處罰的，法律上並不是不處罰那個雇他的人。雇主要是雇用非法移民被查出來，是要受很多處罰的，這在各個州的法律都有這個規定。雇主肯定是要罰的……。（以下略）

從以上這個探討實例中，可以歸納出幾項雙方探討及有待進一步評估之處。**（一）非法移民合法化的正當性問題**。首先，非法移民是否應和本地居民一樣，享有相同的權益？在這些非法移民過去並未繳稅的情況之下，教育及福利制度是否不應該共享資源。其次，是否應支持非法移民為追求更好的生活而非法居留、抑或是認為不應利用合法化而鼓勵未來有更多的非法移民居留問題。亦即，究竟是應站在人權思考的觀點上、抑或是以正當公平性的觀點考量呢？**（二）非法移民合法化的時程性問題**。這些非法移民是否不論非法居留之時間長短、不論對於非法居留國家的實質貢獻，一律依照公平性的依序排隊合法居留權之申請？抑或是居留國家應大赦宣佈立即合法化之政策？**（三）非法移民合法化的社會問題**。若合法化非法移民，是否將影響國家福利制度運作之健全性？又是否會造成多數納稅人更加沉重的負擔？若換個角度而言，這些非法移民因合法化而入了國家戶口，是否能減少雇主非法剝削勞工及增加國家生產力的來源呢？以上這些問題，都是值得我們進一步深思及探討的。

▶▶▶ 延伸問題回顧及思考

✴ 在經濟全球化下，「跨國企業」所扮演的角色及影響性為何？

✴ 造成「勞動遷移」現象之因素及可能導致之問題有哪些？

✴ 你是否贊成「非法移民應合法化」？試述你的觀點為何？

第七堂課

經濟全球化下之實例探討
——以貧富差距現象為例

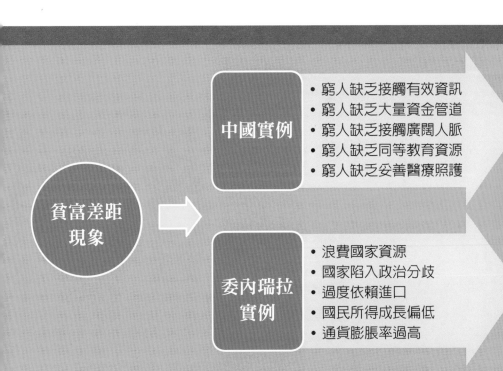

本課重點&圖示說明

↗ 理解貧富差距現象的本質。

↗ 評析中國實例與貧富差距現象之連結。

↗ 評析委內瑞拉實例貧富差距現象之連結。

貧富差距現象

　　科幻電影「顛倒世界」（Upside Down）中，導演運用想像力刻畫出一個上下顛倒、各有引力運行的兩個世界共存於世上。上層世界盡是富麗堂皇的建築與科技發明、下層世界則是灰暗黑煙漫步的蠻荒工業城市。上層世界的人們打扮光鮮亮麗、城市車水馬龍；下層世界的人民多數窮困潦倒、且以從事基礎勞力的工作維生。乍看之下，本片以愛情故事串起來自於兩個不同世界的男女主角，如何打破重重難關進而追尋真愛。然實際上，本片的「科幻」情節卻隱喻了不少現實世界中的「真實」場景。發達的上層世界，就好比高度發展的已開發先進國家，這些國家的人民享受發達的建設及基礎設施，良好的社會秩序及生活環境。對比下層世界的生活品質，則有如天壤之別。此外，這些下層世界人們的多數工作重心，多是為了要製造並發展能「供應」上層世界所需的物品及能源。這種核心及邊陲間的畸形互動關係，事實上，亦

在真實世界中不斷上演。在現實生活中，全球化的不對稱發展，亦承認了世界在本質上乃是一個資源極度不平均的事實。北方國家的富人掌握了世界多數的資源與財富，南方的多數窮人能擁有的卻遠遠不及這些來自「上層世界」的富人。

　　「世界展望會」（World Vision）曾在一則名為One Life的國際宣傳影片中，揭露了南北兩方世界間血淋淋的貧富差距悲歌。[1]諸如：非洲女性每天為了尋找水源必須走六公哩（mile）的路程、這個距離對美國人平均而言，要累積一個月的時間才能走到；美國人每天在餐食上的花費加總起來要花一億美元之多、而每個晚上則有7億9千9百萬個人在挨餓中睡著；美國的青少年平均一個禮拜花費101元美金、而這個金額卻可以提供兩個非洲孩子到學校念一整年的書；美國人的平均壽命是77歲、非洲尚比亞人的平均壽命卻只有35歲。除了顯示這些數字所透露的訊息外，影片中亦提到在這些落後地區的人民，由於教育資源、醫療體系之發展嚴重缺乏及不足，已大大影響了他們的受教權及生命權。若非這類型的非政府組織，為倡議大眾對於邊陲地區議題的重視而挺身而出，又有哪個國家能夠為這些落後地區的人民發聲呢？貧富差距的現象具體反映了我們現存的世界，了解並體認這點有助於我們更認識全球化發展過程中的許多議題。以下，將就中國及委內瑞拉的實例加以探討說明之。

---

[1] 本篇譯自World Vision, "One Life," 2007, https://www.youtube.com/watch?v=S_2GAEzJL6I&no redirect=1.

02

中國實例：富人與農民工的故事

　　日本放送協會（NHK）電視台為了一探隱藏在崛起後中國內部的諸多現象，至中國進行一系列的紀錄片拍攝訪問紀實，將之命名「激流中國」。「激流中國」中探討許多值得深思的議題，包括：貧富差距、箝制言論、水資源匱乏、教育等問題。其中，序言篇即以探討中國的貧富差距現象拉開整部紀錄片之序曲。在富人與農民工的故事背景中，以中國第一位擁有法拉利跑車的富豪李曉華先生作為第一代富商代表，而出生於天津市、父親為黨部幹部的廣告公司老闆金波先生作為第二代年輕富商的代表。另外，以對比諷刺的拍攝手法，介紹另兩個來自內蒙古的農民工家庭：分別是張建平與杜文海先生。富人與農民工的故事，讓我們深刻體會到富人與農民工（窮人）工作條件及生活背景差異之鴻溝。以下，將彙整影片中欲傳達給閱聽人的幾項重點觀察：

一、窮人缺乏接觸有效資訊的機會。

在農民工的世界裡，終日在打零工與爭取臨時工作機會打轉。而那些有關金融投資等訊息始終在有錢人的世界裡流轉，象徵著熱錢僅在有限的範圍內流動。窮人無法觸及能夠掌握有效資訊之管道與機會。只能認份的為三餐溫飽及子女的生活費、學費而努力工作著。

二、窮人缺乏賺取大量資金的管道。

影片中張建平及杜文海所象徵的窮人世界，前者是為了子女的醫藥費苦心張羅、後者則苦於工作賺錢以便寄回鄉供子女讀書。農民工的辛勞工作並不與所得薪酬成正比。鏡頭下所呈現的是窮人始終無法脫離現存生活下的現實問題。

三、窮人缺乏接觸廣闊人脈的關係。

影片中李曉華及金波所象徵的富人世界，無論是自己經商所累積的各界人脈關係、抑或是上一代父親所留下的良好政商基礎，著實都為往後經商之路鋪上一條坦途。然窮人卻缺乏良好的人脈關係基礎，欲透過接觸各界領域菁英以改變現狀的仰望更是遙不可及。

四、窮人缺乏獲得同等教育的資源。

影片中張建平及杜文海的孩子，由於身處地區偏遠的外蒙古，地方及教育資源均相當有限。窮人的孩子不若富人的孩子有充足的教學資源能習得知識及第二專長，更遑論如同富人的孩子般，擁有接觸西式教育、學習外語的機會。這樣的差距，不僅影響窮人孩子的受教權、更影響其未來的競爭力。

五、窮人缺乏接受妥善醫療的照護。

影片中張建平的小兒子及母親的醫療問題，都成為農民工日夜工作所無法負擔之重。窮人在負擔基本生活開銷的花費之餘，恆常無力再負擔多餘的疾病醫療開銷。這也導致了窮人家庭及其眷屬缺乏妥善的醫療照護資源。而這樣的問題不僅使得生活品質及水準更加惡化，也間接地影響了窮人的生命權。

03

委內瑞拉實例：查維斯社會主義

　　2013年3月5日，委內瑞拉的領導人查維斯逝世。這一位領導委內瑞拉14年的總統，在逝世後留給委國新一任領導人許多有待解決的社會經濟發展問題。而查維斯的逝世，也讓國際社會再次關注過去查維斯社會主義是如何在委內瑞拉運作，其又造成委國如何的經濟發展困境。據巴西媒體引述經濟學家奈姆（Moises Naim）指出：「查維斯浪費國家資源，讓國家陷入政治分歧。過度依賴進口（特別是美國），國民所得成長在拉丁美洲國家中最低，去年通貨膨脹達26.3%。」[2]報導也指出，委內瑞拉的高通貨膨脹問題將開始影響當地的經濟景氣。正如同經濟學家貝里加（Federico Barriga）所提到的觀察：「在查維斯社會主義的運行下，委內瑞拉的

---

[2] 中央社，2013年3月8日，〈查維斯主義 阻礙委國經濟發展〉，http://www.cna.com.tw/News/aFE/201303080050-1.aspx.

國營石油公司成為委國最大的企業。而當國營企業成為國家最主要的經濟動力來源時，將導致私人企業被排除在外。」是故，在未順應全球化趨勢的潮流之下，將阻礙委內瑞拉整體的經濟平衡發展。

　　儘管查維斯的強人領導作風一直以來都備受爭議，其過去執政期間因努力致力改善窮人的生活環境而廣受國內民眾支持。然而，若從國家整體的長遠發展評析，委內瑞拉貨幣貶值的速度、進口產品價格的上漲等現象，都將大幅削弱委國社會整體向前發展的動力。更重要的是，國內實施徹底的國有化政策，也不利於國內工商業發展與外國投資企業的進駐。查維斯過去從未嘗試將國家經濟朝向多元化發展之路徑，則封閉的國家經濟體制也不免導致國內停滯落後的工商業發展。綜上觀之，不論是經濟快速擴張下存在有貧富差距懸殊的中國案例、抑或是封閉經濟體下高通貨膨脹問題的委內瑞拉，貧富差距及經濟落後發展等諸多現象均具體呈現在經濟全球化發展下不均的世界。自由貿易及跨國企業的興盛發展並非是全球經濟迅速成長、資金流動的萬靈丹。在享受全球化所帶來的通訊技術進步及通訊成本降低等好處的同時，也必須反思存在於經濟全球化發展下的諸多問題。如此更有助於我們理解並檢視全球化發展之全貌。

▶▶▶ 延伸問題回顧及思考

✦ 何謂「經濟全球化」發展下的貧富差距現象？如何用生活週遭的例子說明？

✦ 如何從日本NHK電視台－「激流中國」的紀錄片中理解貧富差距現象？

✦ 如何從委內瑞拉的經濟發展實例，觀察「經濟全球化」發展下的問題？

第八堂課
政治全球化
——主權及國家角色

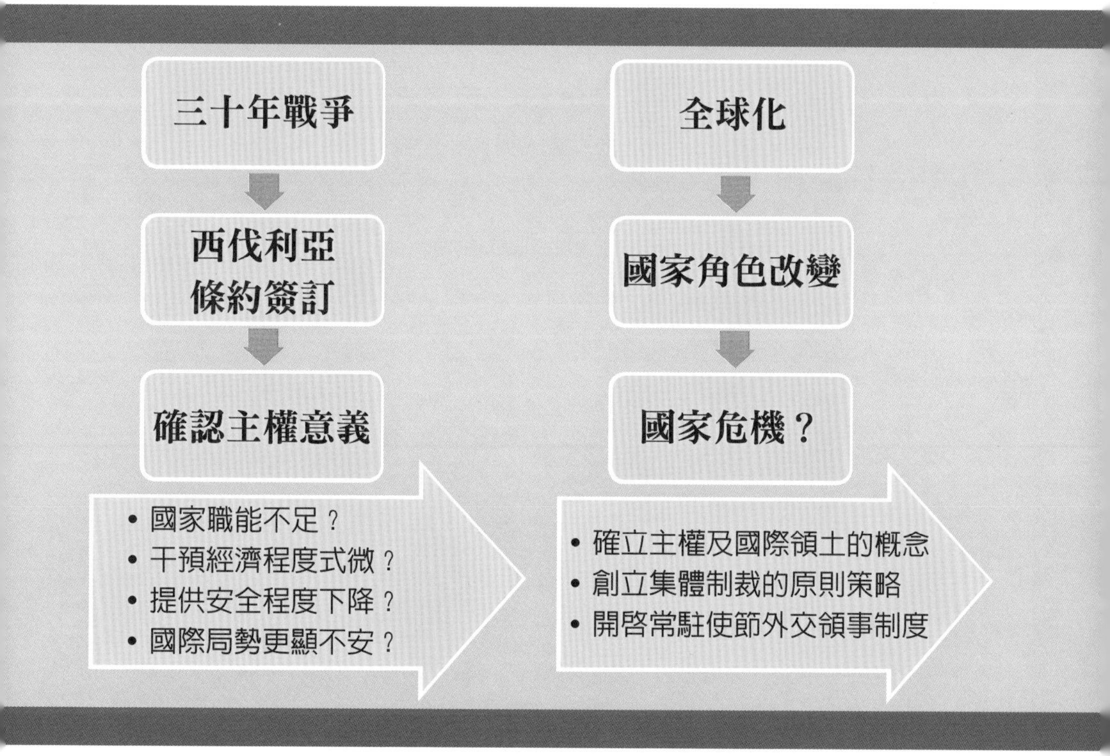

三十年戰爭
↓
西伐利亞
條約簽訂
↓
確認主權意義

全球化
↓
國家角色改變
↓
國家危機？

- 國家職能不足？
- 干預經濟程度式微？
- 提供安全程度下降？
- 國際局勢更顯不安？

- 確立主權及國際領土的概念
- 創立集體制裁的原則策略
- 開啟常駐使節外交領事制度

本課重點&圖示說明

↗ 理解國家主權的概念及發展歷程。

↗ 理解國家角色與職能的轉換。

↗ 釋政治全球化下主權及國家角色的連結。

01

三十年戰爭與主權的意義

　　西元1618至1648年的三十年戰爭，是歐洲史上首次的全歐大戰。這場交織著過去百年來歐洲歷史及宗教情結的戰爭，不僅造成歐洲地區人民難以估計的死傷，更帶來了無數人民對於戰爭無情的恐懼。[1]慘烈的三十年戰爭後，簽訂了歷史上著名的「西伐利亞條約」（Treaty of Westphalia）。該條約象徵戰爭的

---

[1] 三十年戰爭可分為四大階段：（1）波西米亞起義階段（1618-1623）。（2）丹麥參戰階段（1624-1629）。（3）瑞典參戰階段（1630-1634）。（4）法國參戰階段（1635-1648）。三十年戰爭使得德意志諸侯、歐洲等各個主要強國直接或間接地參與戰事。三十年戰爭是歐洲幾百年來宗教和國際政治各種矛盾的總爆發。正如瑞典國王古斯塔夫本人在給他的首相的信中所說：「各個小型的戰爭，在這裏都彙集成一個全面的歐洲戰爭」。正如瑞典國王古斯塔夫本人在給他的首相的信中所說：「各個小型的戰爭，在這裡都匯集成一個全面的歐洲戰爭。」詳細內容參閱：新華網，2008年05月30日，〈三十年戰爭：中世紀野蠻的歐洲大戰〉，http://translate.google.com.tw/translate?hl=zh-TW&sl=zh-CN&u=http://news.xinhuanet.com/mil/2008-05/30/content_8284416.htm&ei=P__OTPOtM8nQcdLq3LIO&sa=X&oi=translate&ct=result&resnum=5&ved=0CDoQ7gEwBA&prev=/search%3Fq%3D30%25E5%25B9%25B4%25E6%2588%25B0%25E7%2588%25AD%26hl%3Dzh-TW%26biw%3D1020%26bih%3D541%26rlz%3D1R2SUNC_zh-TWTW373.

結束,亦創立歐洲國家以國際會議形式解決國際問題之先例。這項條約有幾項重要的意義,包括:

一、確立主權及國際領土的概念

西伐利亞條約簽訂之前,歐洲國家一直無法有效解決各國領土侵占及干預它國內政之問題。條約簽訂之後,儘管歐洲國家戰亂仍頻,但國家間普遍均同意以不違反西伐利亞條約之精神運作為原則。主權之概念及重要性於焉確立。

二、創立集體制裁的原則策略

西伐利亞條約簽訂之後,歐洲國家為了尋求集體安全而避免戰事,開啓對於違約國的集體制裁處置原則。若有任何一國違背條約原則並危及他國安全,所有締約國都應萬眾一心抵抗侵略。而這也創立了締結合約國的集體制裁策略原則。

三、開啓常駐使節的外交領事制度

西伐利亞條約簽訂之前,歐洲國家缺乏一個彼此溝通協調的平台與管道。因此,一旦雙方利益相互牴觸而產生認知落差,衝突便容易一觸即發。條約簽訂之後,各國逐漸建立了常駐使節,對於增進各國邦交及關係穩定頗多助益。而此也開啓現代意義的國際領事制度之先聲。

綜上觀之,西伐利亞條約簽訂的和平條件,即各國以清楚的地理疆界承認主權國家,並且認可該國政府擁有管轄其領土之專屬權力。因此,主權之意義不僅關乎一國國家之生存及安全地位,更是決定國際社會各國國家利益的重要依歸。是故,主權的維護及捍衛成為國家政府首要責任。三十年戰爭的結束,更加確立主權的重要性,同時亦象徵歐洲改變先前政府體制及認同形式的開始。

🪐 國家的危機與角色的改變

　　相較於經濟全球化，政治全球化的發展程度較無經濟全球化般完全。換言之，由於政治牽涉的是較為敏感的主權與領土議題，導致政治全球化發展的擴散程度、強度及廣度，均不若經濟全球化發展情況來得高。然而，隨著全球化的發展，國家角色的重新界定已成為核心的研究主題。以下茲整理全球化下所可能伴隨著的幾項國家危機面向探討：（一）國家職能的不足？當人民的需求度與日俱增，國家職能的角色是否能滿足人民增加需求的功能受到質疑。（二）國家對經濟的干預程度式微？由於經濟全球化所強調的自由貿易市場機制，貨品或服務的供給與需求乃由市場機制決定。此大大降低了國家對於經濟干預的程度。（三）國家能提供安全的程度下降？伴隨國際犯罪及恐怖主義的問題已跨越國界，同時，疾病與生態的議題也不易受到國家行動之影響。國家能夠提供絕對安全的角色已受到挑戰。（四）國際局勢將更

顯危險不安？國家參與國際組織的運作模式，是更有利於國際和平穩定之局勢，抑或是造就另一個更加不安全的體系？伴隨著全球經濟與傳播網絡的重要性漸增下，逐漸削弱民族國家的重要性。其次，數量漸增的跨國企業以及為數眾多的國際、區域組織聚集，亦降低了民族國家的控制性。然而，這是否意味著國家將走向衰退進而遭受取代？

　　的確，在全球網絡互動密集的時代下，國家的角色隨著多元的非國家行為者加入而產生某些程度上的改變。然而，這是否全然代表國家角色及功能走向崩解？答案當然是否定的。不可否認的，**民族國家仍舊是國際政治中的主要行為者，也依舊是影響國際體系秩序的主體**。即便國際組織或非政府組織的重要性及影響力逐漸增加，但民族國家仍是決定國際社會制度、原則的主要制定者。國家行動雖然受到規範的牽制，卻仍舊保有行動的彈性與自由意志。這同時反映在國家的外交關係走向及策略行為操作上。全球事務的領域雖然日漸複雜到足以影響國家角色的轉變，但卻不足以「剝奪」國家的使命及其重要地位。而這也延續了西伐利亞條約簽訂後所強調的「國家主權」至高性，政治全球化的發展並未削弱國家行為者對於「國家主權」認同的強度。那麼，政治全球化究竟造成如何的轉變？首先，其發展促使國家與國家間的疆界界線不若過去鮮明，國家間可以透過增進合作機會，進而打破難以跨越的領土界線藩籬。而這些合作基礎，並無礙於國家對於「國家主權」至上的認知。其次，國家可尋求透過其他管道（如：加入國際或區域組織）增加透明度及資訊流通度，進而增加與它國合作的利基。如此，便能跳脫過去地緣政治及國家單一操控的狹隘一元思維。

03

 全球化等同於國家主權
的消失？

　　全球化的發展壓縮了時空的距離，更加突顯
國家職能的重要性。然而，全球化是否等同於國家
主權的消失呢？這點必須要從國家權力的消失、復
甦或是轉型等方面探討。實際上，所有國家在全球
化下所經歷的決策、制度、分佈或結構面之影響皆
非一致的模式。亦即，當全球化關係到先進資本主
義社會的國家權力重建，且當全球化的影響逐漸顯
現時，這些國家的權力角色與功能也在全球化及區
域化的體系中不斷更新。的確，全球化改變了原本
權力的運作環境，但並未等同於將其解讀為：「國
家權力的消退。」因此，**國家權力並非全然消失、
或是復甦到政治全球化發展以前的榮景，而是重新
「轉型」了。**不論國家是否採取積極的腳步，隨著
全球化的發展，**國家已在某種程度上直接間接地讓
渡了部分的權力。**國家將權力部分讓渡給國際組織

等其他行為者。例如：以全球氣候變遷議題為例，國家納入了聯合國氣候變化框架公約（UNFCCC）下的共同減排規範。這同時意味締約國必須受到減排規範的制約而影響其行為。過去，國家能夠單一的決定自身的策略及作為；現在，國家必然不可避免地受到許多非國家行為者的影響。

　　相較於其他領域，政治議題雖然屬於高度屬地活動的領域，使得各國對於政治全球化抱持較為抗拒的態度。然而，**因應全球化的趨勢及發展，國家必須重新思考權力的掌控及收放**。例如：台灣自過去以降，政府一直以積極加入大型國際組織（如：聯合國）之參與為目標。除了增加台灣在國際社會的能見度之外，其目的必然在融入國際社會的體系範圍之內，以共享所有成員國所獲的資源與優勢。雖然加入國際組織必然限縮國家政府的部分權力，然而，謹慎的評估結果顯示：**加入這些國際組織的好處遠遠勝於不加入的壞處**。亦即，國家雖然讓渡了部分的權力給其他行為者，表面上是犧牲了某種程度上的自主性，但卻帶來了更大的長遠互惠利益。綜上，全球化並不等同於國家主權的消失。相反的，它讓國家更明白自身能運用的權力範圍及方向。它也促使國家更有彈性取捨策略行為及發展方案。最重要的是，它亦使國家重新思考自身定位及群我關係。

▶▶▶ 延伸問題回顧及思考

* 試述西伐利亞條約對於確認主權意義的面向為何？
* 國家的危機是否意味著國家將受到取代而消失？試就你的看法申論之。
* 全球化等同國家主權的消失嗎？請列舉同意或反對的理由為何。

第九堂課
政治全球化──國際組織

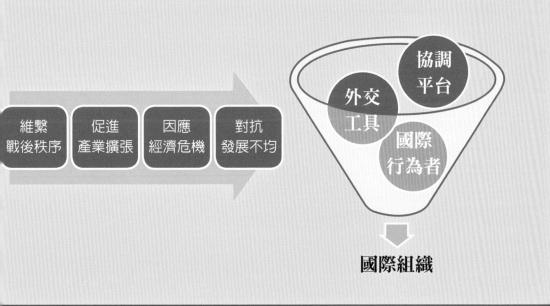

維繫
戰後秩序

促進
產業擴張

因應
經濟危機

對抗
發展不均

協調
平台

外交
工具

國際
行為者

國際組織

本課重點&圖示說明

↗ 理解國際組織形成的發展成因。

↗ 理解國際組織的角色與運作。

↗ 延伸國際組織發展之實例。

01

🪐 國際組織的發展及形成背景

　　國際組織的發展，顯現了民族國家間從傳統過去的外交行為機制，逐漸建構出一套決策網絡體系。國際組織的發展，並非是自然生成的產物。它通常是因應各式議題並著重功能性的解決方案。它提供了國家彼此間透過集體運作的方式，討論各種有爭議的議題。當然，有些國際組織的構成也可能是無爭議之議題（如：探討如何促進更美好的未來發展等）。這些集結各國的討論集合體，從區域（地方）到全球（國際）的層次，範圍也觸及經濟、法政、環境、醫療等領域。也因此，國際組織的類型涵括性廣也包羅萬象。如：自1865年以來成立的國際電爆同盟（ITU）、1874年成立的萬國郵政同盟（UPU）、1919年一次大戰後所形成的國際聯盟（聯合國的前身）……等等。

　　國際組織的形成背景可以依據各項範圍領域而分

成幾大主軸：

一、維繫戰後的秩序穩定。

歷史上在大規模殘酷的戰爭過後，國際社會總會瀰漫一股倡導理想主義「集體安全」的氛圍。[1]第一次及第二次世界大戰後，國際社會期望能以國家協調的方式避免戰爭。於是，一次戰後的國際聯盟、二次戰後的聯合國於焉成立。這些國際組織所扮演的功能，即以維繫戰後的秩序及促進和平為主。

二、促進產業經濟的擴張。

為促進國家產業的蓬勃發展，許多與產業功能相關的國際組織應運而生。如：與「交通運輸產業」相關的國際海洋航行委員會、國際航空飛行委員會；與「訊息傳播產業」相關的國際電訊同盟、萬國郵政同盟；及與「智慧財產權」相關的世界智慧財產權組織、歐洲專利局等。這些國際組織則以扮演增進產業鏈發展與維護產業功能之角色。

三、因應全球經濟的危機。

為因應全球整體性的金融危機風暴，歷史上在兩次主要的經濟大蕭條時期均建立了主要的防範體系。1878年至1891年的「經濟大蕭條」時期，確立金本位制及貨幣自由兌換體系的貨幣秩序。同時，為鞏固貿易秩序的平穩，採取限制性的自由貿易原則。1929年至1932年的「經濟大恐慌」時期，同時也透過國際貨幣基金（IMF）及關稅暨貿易總協定（GATT, WTO的前身）來建立貨幣秩序。這些國際組織扮演穩定貨幣及經濟秩序的重要功能。

四、對抗南北區域發展的不均衡。

為對抗南北區域發展的不均衡，許多與之相關的國際組織便逐漸生

---

[1] 理想主義認為國家可透過「合作」來減緩國家間彼此的衝突。如透過設立常設的國際組織，制度化國際法治之原則。國家間可透過集體制裁的方式，抵制侵略它國的國家以確保整體和平。

成。如：與「金融資源分配、移轉」相關的世界銀行（Word Bank）、國際開發協會；與「聯合國開發合作計畫」相關的世界貿易與發展會議、聯合國工業發展組織；與「開發中國家的政治性自主組織」相關的集團解放運動、77國集團；與「開發中國家的區域經濟合作」相關的石油輸出國組織（OPEC）、東南亞國協（ASEAN）及南非發展協調會議……等。這些相關發展的目的，即為了對抗存在於已開發及開發中國家間的不對稱發展。

02

 國際組織的研究視角及
基本要件

在研究國際組織前，必須要先檢視幾大基本問
題，包括：

**一、檢視國際組織的成立宗旨及對體系結構帶
來的影響。**

此問題包括：為何要建立國際組織？國際組織
的建立是否意味著國際關係的本質結構已產生基本
變化？

**二、檢視國際組織的參與特性及對決策過程的
影響。**

亦即，國際組織的存在，對於個別國家參與集
體的、或跨國的決策過程，及可能性，分別造成哪些
影響？

三、檢視國際組織的處理議題及獲得成效。

了解並分析國際組織所處理的議題範疇是否存
在差異性？國際組織有哪些議題已獲致專業工作成

效？對國際組織本身又產生哪些效應？

為了要回答以上問題及更理解國際組織的角色及功能，我們可以從三大研究視角及七大國際組織之基本要件來觀察。

一、將國際組織視為一種工具。

可將國際組織視為一種實踐目標之工具，特別是實踐及預定達成國家外交目標的工具。

二、將國際組織視為國家間協調事物的舞台。

可將國際組織視為是一個提供國家進行理性和平協調事務的平台。

三、將國際組織視為國際行為者。

相較於傳統的國家行為者，可將國際組織視為是一個獨立的非國家行為者。以作為後續延續組織及組織、國家與組織之間關係參考的變數。

另外根據學者安東尼賈治（Anthony Judge）的觀察，可將構成國際組織的七大基本要件陳述如下：

一、組織的目標及組成數量。

組織的目標必須是國際性的，並且至少應包含三個國家（含以上）。

二、成員的參與及投票權。

成員是參與可能是個別或是集體的參與，並享有投票權。而投票必須是不受任何一個各別成員控制。

三、組織的常設機構及運作。

組織的條約必須設置正式的結構化機構，並賦予成員權利，定期選舉組織治理的主體與官員。並需建立常設性的機構及永久的總部，確保組織持續性的正常運作。

四、組織的輪值制度。

應以公平的原則建立組織官員的輪值制度，且不應由相同國籍之官員連續擔任。任期亦須經過妥善的設計及安排。

五、杜絕不當利益分配。

組織必須具有實質的預算分攤制度，並且不應從中對任一成員進行利益分配，也不得獨利於某一成員。

六、獨立派遣官員權。

可與其他國際組織建立系統性的機構關係，並擁有可獨立進行並派遣官員之權。藉此建立與其他組織之間之互動。

七、確保資訊的透明性。

組織的活動資訊必須是公開、透明，並且是可以獲取的。

國際組織的分類及實例

　　為了更加清晰的理解國際組織，適切的將國際組織分類是一項好方法。但要如何簡單明瞭的分類國際組織呢？以下將可參考學者沃克瑞特柏格（Volker Rittberger）之論點，[2]就三大部分加以探討：（一）可依組織種類分類。將之區分為「計畫型國際組織」或「行動型國際組織」。（二）可依組織能力分類。則可區分為「約束力較強之國際組織」或「約束力較弱之國際組織」。（三）可依決策委任形式分類。而區分為「協調型國際組織」或「聯合型國際組織」。據此，「計畫型國際組織」中可能包含了「約束力較強之國際組織」或「約束力較弱之國際組織」。而這些組織之下可能亦分別包含了協調型或是聯合型的國際組織形式。同理，「行動型國際組織」所包含的範疇亦然。是故，我們可以將國際組織之分類表可參見

---

[2] Volker Rittberger, 2006, International Organization: Polity, Politics and Policies，Germany: Palgrave Macmillan

下表所示：

國際組織分類型式

組織種類	組織能力	決策委任形式	案例
計畫性 國際組織	具強制約束力	協調	聯合國
		聯合	歐盟
	約束力較弱	協調	歐洲安全合作組織
		聯合	聯合國專門組織
行動性 國際組織	執行計畫能力強	協調	石油輸出國組織
		聯合	國際貨幣基金，世界銀行
	執行計畫能力弱	協調	國際咖啡組織
		聯合	聯合國難民問題委員會

　　表中，除了按「組織種類」、「組織能力」及「決策委任形式」之分類標題與內容清楚呈現外，亦一併羅列相對應的國際組織案例。例如，聯合國同時具有「計畫型」、「約束力較強」及「協調型」等國際組織之特質。又國際貨幣基金則是同時具有「行動型」、「約束力較強」及「聯合型」等範疇。以下茲以國際貨幣基金作為實例深入探討。

　　1945年所成立的國際貨幣基金（IMF），為了確保全球金融制度運作正常，主要任務是監督貨幣匯率、分析各國貿易現況、提供資金及技術援助等。以下，我們將就學者Anthony Judge對於國際組織的定義，來檢視國際貨幣基金的運作與發展。

一、組織的目標及組成數量。

　　作為第二次大戰後的重建計畫之一，穩定國際金融體系之穩定便成為組織的首要宗旨。除了監督成員國的金融政策及貨幣體系外，也開放貸款給收支困難的國家。按照官方網站所公布之資料，組織參與成員國截至2012年4月，已累積共188個國家。[3]

---

[3] International Monetary Fund, "Membership," http://www.imf.org/external/about/members.

二、成員的參與及投票權。

新成員的參與必須得到大多數現有成員國的同意。

三、組織的常設機構及運作。

理事會是組織最高的權力機構，下設執行董事會，由24名執行董事組成。執行董事則是每兩年選舉一次。常設性的組織總部設在華盛頓。

四、組織的輪值制度。

執行董事會下設有1名總裁及3名副總裁。總裁任期5年，由執行董事會推選，得以連任。

五、杜絕不當利益分配。

組織雖然賦予繳納基金高的國家擁有較多的權力及投票力量，但對於支援它國貸款與否及額度、提供技術援助及培訓等重大事項，仍需要多數成員國的討論及同意。

六、獨立派遣官員權。

每年組織派代表與世界銀行共同舉行年會。

七、確保資訊的透明性。

組織的相關活動資訊（包含：網絡活動、討論議程等）均於官方網站中詳細陳述，並公開提供審計及評估國際金融狀況之報告等相關訊息。

綜上觀之，國際貨幣基金仍有許多不足及受批評之處。如該組織「是否會過度偏袒先進開發國家？」「是否會日益增加第三世界國家的債務負擔？」「是否需要提出更進一步的內部改革？」等等。然不可否認的是，國際貨幣基金對於穩定各國貨幣及協助監督外匯市場，並提供需要國家暫時性的紓困等，某種程度上仍是扮演了穩定性的支援角色。

htm.

▶▶▶ 延伸問題回顧及思考

* 國際組織是與生俱來的嗎?為什麼?請簡述國際組織的發展與形成。
* 可用哪三大角度觀察國際組織?又構成國際組織的基本要件為何?
* 請闡述國家在可能喪失部分自主性的前提下,仍選擇加入國際組織的主要理由?
* 請列舉一個國際組織的實例,並加以分析之。

第十堂課
文化全球化
——科技與通訊

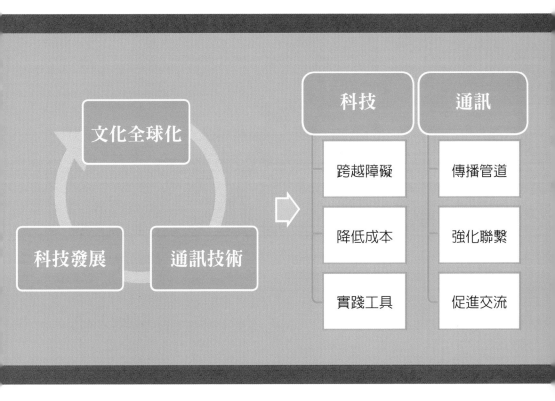

本課重點&圖示說明

↗ 理解文化全球化的發展與實踐。

↗ 理解科技發展與文化全球化之連結。

↗ 理解通訊技術與文化全球化的連結。

01

🪐 文化全球化三元素及媒介

　　文化傳遞的形式身處在我們日常生活的角落，文化的接觸也時常帶來許多巧妙的碰撞與火花。**文化全球化的過程包含了一系列從接觸、模仿到普及的主要運作方式。**一整套錯綜複雜的網絡交互關係連結起文化傳遞者及接觸者之間的關聯。**文化全球化的三大元素包括了「物件」、「符號」及「人口」。**以美國好萊塢（Hollywood）電影文化作為例子，若將好萊塢式的電影視為文化傳遞的「物件」，導演透過這部電影所傳達的思想或是概念，都可比擬成任何具象徵意涵的「符號」。而受到「物件」中的「符號」所影響的閱聽人，即構成了最後也是最關鍵的「人口」要件。畢竟，**「人」是扮演最重要也是最具影響力的文化傳播媒介。**

　　文化實踐的轉移或是接納可透過幾種方式，包括積極的輸入與繁衍再生的手段；再者，則是透過與其他文化的重覆接觸或是改變適應而逐漸融會貫通。文

化全球化這一系列從接觸、模仿到普及的過程，仍須歷經多次的適應及消化。有時，文化的接觸亦會受限於文化差異與衝突的制約。然而，隨著全球化時代的來臨，人們透過這些來自四面八方的「物件」，重覆性的透過「符號」來傳達某些意念或是意識型態，某種程度上亦會逐漸的走向接受而融合。舉例來說，受到西方消費文化型態的影響，下午茶、或是早午餐（brunch）的文化習慣已逐漸融入我們的生活週遭。而這類型的文化習慣也泰半與「悠閒」、「慢活」式的氛圍連結，形成了一股有別於以往的生活型態。許多民眾也隨著這股風氣改變了過去的飲食文化習慣與觀念想法。

　　然而，全球化理論的各流派又是如何看待文化全球化的呢？首先，懷疑論者認為，全球文化的質量相較於國家文化顯得薄弱而不真實，世界主要文明的不同文化差異之處仍舊存在，然正因為此一差異，才能維持不同文化及文明間的重要性。轉型主義論者則有不同主張，其認為文化與民族的融合造就了全新的文化全球網絡面貌，而這並無損於文化本身的價值性。相反的，文化可透過反覆的碰撞及消化吸收，融合成一個結合許多優勢的新興文化。**這些綿密的交互關係連結起文化全球化型態的生產者及消費者，而這層連結也將隨著文化全球化的發展而有逐漸增加的趨勢**。有關文化全球化的議題，可以從通訊科技及傳媒觀光等諸多角度加以探討。本堂課將分別從科技發展及通訊技術之面向，來探討其與文化全球化之關聯。

02

🪐 科技發展與文化全球化的關聯

　　科技發展提供遠距離傳播文化的重要管道。不僅縮短文明發展的差距，更能降低溝通傳播的障礙。當科技的進步發展結合全球化的發展趨勢，使得即時資訊及重要訊息無遠弗屆的傳送至全世界成為可能。**當科技知識運用於人類的日常生活，其重要性將不僅止於功能性的問題解決，資訊文化的傳輸交流及互動影響性將更顯重要**。事實上，科技通訊與文化全球化的關連是密不可分的。為了要更加詳盡的論述，本篇乃將焦點著重在科技發展與文化全球化之間的關聯程度。

　　首先，科技以不同的發展形式與我們的生活緊密相關。以下，茲就幾項整理說明論述之。

一、資訊科技帶動技術生產與革新。

　　資訊的技術能增進產業鏈發展的速度，使企業發展更符合成本效益的新型生產方式。生產技術的革

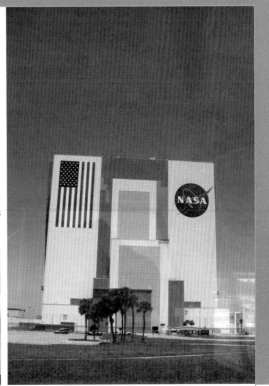

美國國家航空暨太空總署（NASA）為早期
美國開展航太科技的機構重鎮。著重利用先
進機械任務探索航太科學及天體物理學科。
（照片來源：2011年作者攝於美國佛羅里達州）

新也將帶來更進步的研發（R&D）進程，擴大產業連結的範圍與帶動交流
互動的興起。

二、運輸科技強化產業發展與活絡。

運輸的技術越發達，對於在地產業規模的擴張與深化至關重要。某種
程度上，運輸科技的進步亦能促進產業（包含：文創產業等）的活絡發展。

三、傳播科技加速知識傳遞與累積。

傳播的技術是知識及資訊快速普及的重要基礎。傳播技術的發達加速
大眾擷取知識的媒介，也擴展公民接收訊息管道的途徑與機會。

有關科技革新與文化全球化的關聯，茲以2013年4月23日一則台灣雲

端科技產業報導的影片加以探討。[1]以下將呈現報導部分內容紀錄以供討論參考。

引言：雲端科技是繼80年代過後，資訊業又一重大的改變。不僅改變了人們的生活，也造就了全新的藍海商機。為了因應雲端時代的來臨，台灣也於2009年於工研技術研究院成立雲端運算中心，投入系統軟體服務以及雲端運算運用的研發。2012年首次舉辦台灣雲端科技與物聯網展，協助台灣資訊產業，搶攻雲端產業下龐大的全球市場……。

> 台灣在資訊軟硬體產業已發展很多年，運用雲端產業的發展，剛好促使整個產業鏈「重新洗牌」，洗了一個新的賽局……。
>
> 徐錦基（儒毅科技董事長）

> 很多產業都需要雲端的服務器，這種類似租賃的概念，其他產業一樣可以享有很大的資源……。
>
> 鐘靜雯（聖藍科技協理）

> 政府推動雲端中心的方向是，如何推動一個資料中心的解決方案。……台灣目前較缺乏上層的系統軟體技術，政府決定要往這條路去走。現在在雲端最知名的就是Amaron（亞馬遜）網站服務，世界上有很多公司都想要模仿，但卻苦於（缺乏）一個軟體的Solution（解決方案）。因此，若能就台灣原本就有的硬體，結合軟體的解決方案，就可以開發一個整體的解決方案……。
>
> 闕志克（工研院雲端中心主任）

---

[1] TaiwanTrade, 2013年4月23日，〈台灣雲端科技產業報導〉，http://www.youtube.com/watch?v=9IVgUyNlsys.

從以上的訪談內容中，除了可以看出台灣近幾年與世界接軌的雲端技術發展及運用外，也可以嗅出科技發展與日常生活相關的運用。正如同徐錦基董事長所言的「重新洗牌」，各國試圖在運用雲端科技研發技術，將其對產業鏈的影響擴至國外。不再是被動的接受他國的系統服務，而是更進一步的發展自己的一套軟體。而台灣目前的發展方向，也正是朝向這個路徑研究發展，而這也預期將帶來許多改變。台灣運用雲端科技發展的實例，說明了**科技將能跨越發展的障礙，在成本降低的前提下，成為傳遞「符號」思想的實踐工具。科技發展與文化全球化的關係於焉增強，並可作為加深國家「軟實力」的橋樑。**

03

🪐 通訊技術與文化全球化的關聯

　　全球基礎結構的電信通訊促使當代文化全球化的快速形成。不僅作為溝通及傳遞思想的重要傳播管道，更強化了行為者間的聯繫程度。承繼著全球化時代的技術革新，逐漸改變過去電信通訊系統的功能。舉凡：承載總量、速度、普及性、成本…等，都有跨時代的進展。有線電纜與電話線有助於承載壓縮成數位格式的大量資訊，既結合電路轉換與整合國際標準化之系統，亦進一步研發光纖電纜來承載更大的頻道數量。更重要的是，跨越國界的通訊成本大幅降低，增加了跨國使用者的使用頻率。

　　自人類文明發展開始，文化自接觸至傳播的過程，提供了跨國行為者遠距離的傳播管道。進而促使文化實踐及轉移的發展更加徹底。而**國家的發展及現代化程度，也與全球仿效該文化的程度高度相關。**亦即，若國家在當代的發展及現代化程度越高，其內

部的制度規範、文化思潮、甚至是消費方式及習慣等,也將會直接間接地影響當代的其他行為者,無形中具有群起效尤的帶動力量。例如:英國自十八世紀工業革命發展後一躍成為世界強權,其內部運行的教育體制、教科書模式、海底纜線發展科技等,均成為各國模仿發展的學習對象。以下茲以1850年代始發明海底纜線技術的英國為例加以說明:

自1850年代開始,英國發展與法國連結鋪設的第一條海底電纜。三年後,英國成功地與愛爾蘭鋪設連結彼此的海底纜線。1858年,第一條跨越大西洋海底纜線宣告完工。[2]此條海線纜線技術的進步與竣工,意味著跨國之間的訊息網絡更加暢通,世界的距離也被逐步拉近。然而,海底纜線在當時仍須解決許多技術上的問題,如:絕緣體不足以致電路短路問題等。因此,當時的技術研發普遍以研發並解決此項問題為主。十年後,英國終於進一步解決技術與絕緣體不足之問題。1870年,英國與印度首度成功建立海底電報系統並開始運作發展。之後陸續因科技通訊發達而帶來訊息的流通及便利性,經濟收益也隨之增高。跟隨英國的腳步,台灣政府也於1887年完成第一條海底電纜的鋪設,中國亦是於隔年後將首條海底電纜鋪設完成。海底電纜的實例,說明了文化的實踐及技術的轉移均與當代國家之發展程度呈現正相關。

除此之外,通訊技術的發達將有助於行為者間彼此的交流,促進通訊網絡的建立與連結。然而,**隨著電信通訊系統發展的日星月異,我們也必須思考全球通訊及文化基礎建設面等的規範性**。隨著技術及通訊技術結構的發展,國際社會也開始建立許多兼具文化交流及秩序規範的組織,如:明確規範全球通訊及文化的「聯合國教科文組織」、規範技術面基礎建設的「國際電信聯盟」及「國際衛星通訊組織」…等。在國際組織的相關規

---

[2] 英國電學家Thomson Joseph因開闢大西洋海底電纜有功,受封為凱爾文勳爵。1906年並獲頒諾貝爾物理學獎(氣體導電類)。足見其對當時開闊世界通訊技術發展之功勞。

範下，始能促使電信通訊系統之交流網絡能實質發揮其跨越障礙、降低成本、強化聯繫、促進交流……等功能。

►►► 延伸問題回顧及思考

* 何謂「文化全球化」?有哪三大構成元素?試舉一個實例說明。
* 科技發展與「文化全球化」的關聯為何?試說明之。
* 通訊技術與「文化全球化」的關聯為何?試說明之。

第十一堂課

文化全球化──傳媒與觀光

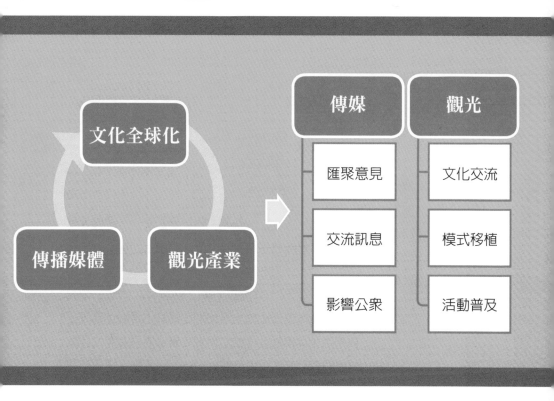

本課重點&圖示說明

↗ 理解文化跨國企業的發展及影響。

↗ 理解傳播媒體與文化全球化之連結。

↗ 理解觀光產業與文化全球化的連結。

文化跨國企業與全球文化市場

　　1970年代開始，許多跨國企業開始出現朝向傳播通訊及娛樂相關之媒體產業發展。在國內市場受到競爭飽和下，許多產業選擇向外發展。其發展形式包括與它國已發展之產業合作或是進行併購。在全球化的趨勢下，**國家對於電信通訊產業與媒體工業之規範，逐漸削弱其管制強度，這提供了國內、國際文化企業進行併購合作的一大契機**。同時，亦使得各大型企業走向多元化的經營方式。例如，許多大型的文化跨國企業（如：Time-Warner、Walt Disney等）均源自於美國。許多時候，其他地區的文化跨國企業為了擴增市場規模及進軍西方市場，會選擇以產業合作或是收購的方式，合併美國的相關文化產業。這樣的觀察，可以從日本的Sony公司併購美國哥倫比亞唱片公司、松下公司併購美國MCA音樂公司……等中得到例證。這樣的趨勢發展，同時也會成為鼓舞跨國文

創始於美國加州的環球影城，可作為文化跨國企業發展的展現。其特殊的結合電影主題呈現多項片場佈景及娛樂設施。現已於日本、新加坡等地開設分園。
（照片來源：2008年作者攝於美國加州洛杉磯環球影城）

化企業向外發展，進而一步步打開文化全球化的大門。

　　最普遍的幾大文化跨國企業包含了：無線電廣播事業及音樂工業、電影工業、電視工業及網路產業……等。以下將就各別文化跨國企業之發展與全球文化市場之關連發展分述如下：

一、無線廣播事業與音樂產業。

　　廣播或音樂產業的發展，對於訊息傳遞及促進文化全球化緊密發展之重要性，至今仍佔有一席之地。其最主要的原因除了取得門檻較低之外，亦較不易受到語言與文化差異的限制。其透過聲音、旋律，而不需仰賴文字傳遞之方式，成為傳遞文化表現及溝通形式最初始也是最通俗的媒介之一。

二、電影產業。

　　電影產業與文化全球化的連結表現在影片的跨國共同製作，或以不同文明間差異的觀察角度來刻劃影片。例如：李安導演所執導的電影「少年Pi的奇幻漂流」中，同時融合了台灣、印度及西方世界不同元素的刻畫視角。影片主角、製作團隊、拍攝場景、視覺特效、影片剪輯……等方面均

結合各國特色。[1]而這批來自多國的團隊組合,汲取國外拍攝的工作方式,融合成一個深具影響力「符號」的「物件」,進而深深地影響著所有觀賞這部電影的「閱聽人」。

三、電視產業。

電視產業隨著頻道數量的增加、內容的多元,進一步的發展與擴散。同時,衛星及有線電視的出現,也刺激著電視產業的競爭及多樣選擇性。電視的普及也有利於大量資訊的傳遞與交流,透過聲音、影像或是即時報導,深刻地影響民眾的日常生活。大量的行銷及商業廣告市場,無形中亦藉由著電視文化的蓬勃發展於焉建立。

四、網路產業。

網路產業象徵新興文化市場的崛起。除了結合文字、聲音及影響的新型態傳播媒介之外,也提供貨品交易及訊息交流之平台。此一覆蓋全球互聯網路的國際網絡,提供包含:搜尋、資料庫、傳輸、電子商務應用等相關技術。其多樣化的應用及發展,輔以硬體設備的成熟作為支撐,各項軟體應用程式的發明與應用更日益影響民眾的生活。時至今日,隨著平板電腦及智慧型手機的普及,搭配網路產業的蓬勃興盛,更將連結起網路伺服器兩端(用戶端及提供服務端)的緊密聯繫性。

綜上觀之,這些大型文化跨國產業發展愈形茁壯,對於全球文化市場的發展及多元文化的交流與散佈將會更有利處。以下,將分別從「傳播媒體」及「觀光產業」的角度,論述其與文化全球化的關連之處。除了上一堂課所介紹的「科技發展」與「通訊技術」外,歸納分析另個影響文化全球化發展的重要要素。

---

[1] 據報導,長年協助李安的助理、《少年Pi》的製片李良山透露,在台拍攝期間,劇組共767人,其中217人來自美國,101人來自其他21國,共449人來自台灣。報導參閱:聯合新聞網,2013年3月26日,〈李安的影響不只電影,是449位青年的電影路〉,http://mag.udn.com/mag/newsstand/printpage.jsp?f_ART_ID=439858.

02

🪐 傳播媒體與文化全球化的關聯

　　在全球化的趨勢發展下，**傳播媒體的角色及重要性日增**。作為扮演重要的公共領域之角色，**傳媒提供群眾進行討論與爭辯的空間**。同時，也是眾多跨越國界意見交流及群眾聲音匯集的場域。其**允許民眾和團體接觸並影響國內外閱聽人（包括政府）的特質，使其受到社會廣泛的關注與重視**。日新月異的傳播科技使得跨國文化間的互動成為可能。在全球化世界中，媒體逐漸取代舊有公共領域集會的場域。因此，新的媒介會創造一個自己的公共領域，使用許多傳遞訊息的工具（如：收音機、電視、電影、音樂……等），藉此傳播資訊並表現觀點。同時，也會利用傳媒的管道來交換意見及批評時政……。這樣的發展指向了一個新興的時代特性－「以媒體來影響公眾意見。」然而，這亦促使了我們進一步的思考「媒體」「人民」與「政治」之間的三元關係。

媒體既兼負起傳遞資訊及文化傳播的媒介，其與人民及政治之間的關連便引起關注。倘若其路徑走向「被支配」或是「支配者」的角色，都將造成一些不當的影響結果，不論是前者或後者，都應避免之。以下將分別從兩方面討論：

第一，政治支配媒體。

　　若媒體處於「被支配」的角色，其可能造成原因包括：一、選舉考量：作為政黨或候選人造勢宣傳的工具。二、外交考量：塑造正面形象，作為正向傳聲筒。三、利益考量：置入性行銷的結果。然而，媒體處於「被支配」的角色仍有其受限因素，包括：（1）受到媒體發展得多元，難以控制與掌握所有傳媒管道。（2）媒體也會進行反擊。（3）過多的干預及操控將會造成輿論的壓力並引起人民的反感。那麼，媒體處於「被支配」的角色將會帶來以下幾項負面結果，（1）媒體將淪為政治操握的魁儡主播。（2）政治力介入進而破壞言論與新聞自由。（3）破壞公正報導與混淆人民視聽。

第二，媒體操弄政治。

　　從另一面來說，社會大眾有沒有可能被媒體的報導牽著鼻子走？媒體是否會反過來扮演「支配者」的角色？答案當然是肯定的。造成這樣的原因包括了：一、企圖作為利益交換的工具或籌碼。二、企圖引起話題，引發人民注意。媒體的第四權角色有時候也會遭到不當濫用，為了吸引關注並製造話題，誇張渲染的報導便成了其成為「支配者」的重要因素。然同樣地，媒體處於「支配者」的角色也有其受限因素，包括：（1）資訊取得不易。（2）易受媒體高層政治傾向影響。（3）受政府或官員打壓反撲。（4）面對人民與壓力團體的監督。如斯發展的負面影響也不容小覷，包括：（1）媒體人角色的混淆與報導不當。（2）媒體易淪為政治人物作秀的舞台。（3）易引起社會動盪與錯亂社會價值。

　　從上述的觀察可以得知，一、媒體與政治之間並無絕對的主導。二、

勿忽視兩者間互動的正面影響。三、應同步思考「媒體自律」與「政治責任」等問題。而本篇探討媒體與文化全球化的關連,要善用媒體的管道達到文化傳遞的各項功能,就不能忽視傳播媒體的角色及份際。不論是走向「被支配」或是「支配者」,都將造成不良的影響。此外,可預見的是,人民的監督力量將成為媒體功能是否正向發揮的重要制衡因素。畢竟,要落實媒體匯聚意見、交流訊息及影響公眾的具體功能,民眾不僅僅只是傳播媒介下「閱聽人」的角色,亦是傳播媒介中最重要的感知者及思考者。

03

 觀光產業與文化全球化
的關聯

　　觀光旅遊業是最明顯的文化全球化形式。**隨著全
球化趨勢下國際觀光旅遊業的興盛發展，促進國際文
化交流等休閒旅遊活動的廣泛普及**。觀光產業需同時
從經濟和文化兩大面向加以檢視，就經濟層面而言，
經濟標準決定遊客層級、旅遊地點、旅遊頻率及所從
事的休閒活動型態……等等。而經濟因素也將同時形
塑觀光客前往的目的地及投資結構等面向。由於旅遊
產業往往是國內就業市場的重心及賺取外匯的重要產
業，其同時影響到國家的基礎建設供應。

　　本篇所要探討的是觀光產業與文化全球化的關
連，隨著觀光旅遊業的興起，越發促進跨國之間的文
化交流活動，如：國際交換學生計畫、學術交流與訪
問計畫……等活動的興起。觀光產業的興盛也會直接
影響到不同文化間的「模式移植」。由於「人」是文
化全球化三元素中最重要的一項媒介，而觀光活動正

是藉由著「人」的移動來促進不同文化間的接觸與了解。不論其觀光目的為何，**「人」的移動帶動了「文化」的移動；而「文化」的移動更進一步帶動了「生活模式」的移動**。這種生活模式的移植可以具體展現在諸多與生活習慣相關的面向。如：透過國際交換學生計畫，兩地的學生可以因接觸到不同國家的學校、老師、同學，進而深受異地文化所帶來的影響。就上課方式而言，西方教育模式偏向互動式、主題式討論的誘發學習動機思維，上課氛圍較為輕鬆；東方教育則偏向較為單向式的授課與講解，上課氣氛則嚴肅許多。東、西方教育制度的孰優孰劣並非討論重點，關鍵是這些來自不同國家「移動中的」的學生們，將在這些不同文化背景的教育環境下，有了最直接的接觸與感受。在無數次咀嚼、學習、反思的過程中，歷經文化接觸的碰撞與適應。最終，這些透過文化交流隨之而來的生活模式移植，將會根深蒂固的附著於這些移動的人口以及他們的生活當中。

然而，不可否認的是，觀光活動普及程度的比例差異突顯了文化全球化發展不平均的問題。國際遊客的來源地或目的地，以及國際遊客消費支出與收入的分配，在全球呈現的數據比例上並不對稱。過去多數的觀光旅遊活動多數發生在北美洲與西歐內部。反觀多數遊客比例也來自這些區域。數據資料顯示，全球遊客總花費支出中百分之六十以上集中來自於十個主要國家。包含七大工業國及奧地利、比利時及荷蘭等國。這也說明了全世界受到已開發國家文化影響的程度，大大超越了受到其他地區的影響。

回顧影響文化全球化發展的眾多因素，傳播通訊與交通運輸由於歷經新興技術革新的浪潮，已改變了過去傳統的技術與思維模式。這樣的轉變帶動建立更加精密多元的跨國通訊管道，進而擴增全球不同區域點之間的溝通範圍。這些都影響了運輸及傳輸成本的大幅降低。此外，新興通訊技術促使人類接觸的「符號」數量與意義均大幅擴張。來自於境外傳遞的「符號」（如：電影、音樂、書籍等文化產業作品）之增加，促使國內資

訊密度的進一步成長。這些資訊新聞的瞬息遞送，強化了文化全球化快速且無縫的特質。最後，即便文化全球化仍存在有發展不平均的缺陷，透過跨國企業扮演貫穿文化網絡連貫過程的核心，隨著時間推移仍將逐漸打破文化階層性。

▶▶▶ 延伸問題回顧及思考

✷ 文化跨國企業與文化全球市場的關連性？試舉一個文化跨國企業的實例。

✷ 傳播媒體與「文化全球化」的關聯為何？試說明之。

✷ 觀光產業與「文化全球化」的關聯為何？試說明之。

第十二堂課
文化全球化下之實例探討
——文化的衝突或融合？

文化融合？
文化衝突？

日本實例
- 從閉關鎖國到打開國門
- 從封閉閉塞到出訪考察
- 從全盤西化到融合本土
- 從軍國主義到去軍事化
- 從去軍事化到穩定發展

美國實例
- 受英式自由市場主義影響
- 國家陷競爭失序與壟斷危機
- 國家干預並解散大型托拉斯
- 國家投入大規模公共工程
- 在自由機制下尋求平衡發展

本課重點&圖示說明

↗ 反思文明衝突論之論點主張與解釋力。

↗ 評析日本實例與文化全球化之連結。

↗ 評析美國實例與文化全球化的連結。

01

從杭亭頓的文明衝突論談起

　　探討文化全球化下的文化衝突或融合之思考，則不可避免的必須研究起山謬杭亭頓（Samuel Huntington）於1993年所提出的「文明衝突論」（The Clash of Civilizations）。[1]該書中提出了許多著名的論點，以下將茲舉其中幾項重要論點一併討論之：

　　一、文化比政治或經濟之差異更難進行協調或解決。

　　杭亭頓提到，相比各國間有關政治或是經濟議題的爭端，文化的議題尤難取得多方共識而協調。亦即，文化差異所產生的衝突，將較於政治或是經濟差異所致的衝突，其能透過協商化解的難度更甚一籌。

　　二、文化之間摩擦只會越來越深而非越趨融合。

---

[1] Samuel Huntington，"The Clash of Civilizations?" Foreign Affairs, Vol. 72, No. 3.

文化之間的摩擦與衝突，是否會透過反覆性的接觸與彼此的交流而更加融合？杭亭頓的說法是否定的。其認為，文化之間因接觸而摩擦、因摩擦而更加分化。因此，時間的推移並不能增進文化之間的協調與融合，反而將加劇鴻溝的差異。

三、國際關係的本質存在於文明體系的衝突。

杭亭頓堅信國際關係的本質存在於文明體系之間的衝突，而這些衝突終將導致國際社會間或大或小的災難（如：戰爭）。而文化之間的衝突與差異也終將左右國際體系的穩定或和平與否。

四、具有相同文化的聚合，不同文化的人分離。

就杭亭頓的觀點而言，具有相同文化背景（包括：種族、膚色、國籍、語言……等）者之間，因具有共同的文化特徵及特質，使其相較於不同文化背景者更易彼此聚合。亦即，不同文明間會形成一道無形的隔閡，劃開相互靠攏的不同類別族群。

五、文明的斷裂帶正成為全球政治衝突的中心地帶。

文明的斷裂帶意味不同文化之間差異的鴻溝，這些鴻溝正是全球政治爆發戰爭及衝突的核心地帶。例如：不同族群因宗教信仰差異而爆發大規模戰爭，如：歐洲大規模的三十年戰爭即是一例。

然而，國家與國家之間、抑或是存在於國家內部，在接觸外來文化時所發生的碰撞與衝突，是否真如杭亭頓所論述的觀點一樣無解呢？筆者以為，文明之間固然存在有文化的差異與衝突，然而國際關係的本質並不純然僅存在文明的衝突。誠如第十堂課在論述文化全球化的發展及觀點中提及：「文化全球化這一系列從接觸、模仿到普及的過程，仍須歷經多次的適應及消化。有時，文化的接觸亦會受限於文化差異與衝突的制約。然而，隨著全球化時代的來臨，人們透過這些來自四面八方的『物件』，重覆性的透過『符號』來傳達某些意念或是意識型態，某種程度上亦會逐漸的走向融合而接受。」文明間的衝突本質固然存在，某種程度上，不同文

明的接觸也帶來吸收咀嚼後的發展契機。為了印證觀察，下面將會分別從央視紀錄片「大國崛起」影片所探討日本、美國之研究訪查中找到答案。

大國崛起：日本篇

> 在閉關鎖國後期遭受到巨大的國家生存危機，日本將此作為棄舊圖新的歷史機遇，並最終使其成為東方世界首個擺脫西方列強欺凌之國。……日本從順利實現現代化的國家，到今日世界第二大經濟強國，從渴望主宰自身的命運，到渴望成為世界的主角，究竟是甚麼在主宰這個島國，如同海潮般激盪起落的命運呢？
>
> （《大國崛起》，北京中央電視台）[2]

　　根據「大國崛起」影片中所探討日本，正如同其引言中所言，日本從閉關鎖國到被美國黑船扣開國門開始，歷經變法圖強及棄舊圖新的革新與轉變。日本早期同許多受到西方列強欺侮的亞洲國家，最終卻

---

[2] 《大國崛起》是由北京中央電視台製作，沙鷗國際多媒體股份有限公司發行。此片紀錄不同大國間相互對話與競爭的歷史，深獲許多學者的推薦與好評。

走出一條改變命運的道路。日本從閉關鎖國到明治維新時期的西化之路並未一路順遂，以下將整理其所歷經的諸多轉折以供討論分析。

一、從閉關鎖國到打開國門。

美國為開闢太平洋航線及通商需要，1853年7月8日，派遣東印度艦隊司令佩理率領艦隊進入日本橫須賀港，對日本提出開港通商的要求。此時的日本剛渡過兩百多年閉關鎖國的時期，面對來自於美國蒸氣戰艦與強大武力的壓境，最終日本選擇答應美國的要求。此一時期，正是日本經歷從閉關鎖國到打開國門的第一個轉折。這一項轉折，打開日本人與西方接觸的第一道大門。同時，也開啓日後日本變法圖強的道路。

二、從封閉閉塞到出國訪察。

自美國軍艦壓境到日本打開國門，日本自覺自己與大洋彼岸的差異懸殊。隨著國門的開啓，日本愈發關注起外面的世界。日本「現代工業之父」澀澤榮一，於1867年代表日本到歐洲進行考察。藉由觀察西方進步的工業化發展而吸取經驗，隔年11月將這些考察經歷帶回日本。此時，日本適逢第124位天皇—明治天皇繼任，遂展開了一系列變法改革的明治維新時代。明治天皇於1871年派遣近百人的「岩倉使節團」前往歐美各國考察。使節團中包含49名明治高官，花費當年政府財政收入的2%，耗時1年10個月之久。考察歐美12個國家並寫下考察實錄，目的是希望藉由師法西方的現代化發展，進而追趕上西方文明進步的腳步。此一項轉折，顯示日本已從封閉的鎖國中跳脫出來，藉由出訪考察開啓向西方學習圖新之路。

三、從全盤西化到融合本土。

根據「大國崛起」影片中的介紹，日本自明治維新發展及西方考察之行程後，師法德國由國家主導工業發展的道路。此後，由「岩倉使節團」副團長大久保利通（有「東洋俾斯麥」之稱，時任日本參議兼內務卿）為

首的大臣，在國內實行一系列全盤西化（又名「拿來主義」）的政策。[3]
國家發展方向朝向全盤接收西方文化思潮之影響，民眾也開始仿效西方的
生活方式。例如：公曆取代農曆、元旦取代春節、吃牛肉、穿燕尾服、修
剪成西式短髮……等。然而，過度的全盤西化發展卻逐漸走向極端，當時
有人甚至提議日本人應該改說英語、廢除近乎裸體的傳統相撲活動等。此
一極端，自1878年5月14日，大久保利通被刺殺身亡後，引起日本民眾進
一步的反思。日本人開始思考，為追求富國強兵、殖產興業、文明開化等
三大維新目標，採取強硬的「拿來主義」致使日本傳統文化的價值受到破
壞。大久保利通被刺殺的事件，反映當時存在於日本社會中，現代文明與
傳統文化間對立衝突之爭論。這樣的社會矛盾與改革難題，留給了繼任者
伊藤博文。

　　伊藤博文選擇採取中庸的改革方向及國家發展方式，主張簡單的「拿
來主義」已不能推動日本社會的進一步變革，進而傾向將本國傳統與現代
文明加以融合。例如：西式的咖啡廳與日式的茶室文化共存、西式的油畫
與日式的浮世繪同樣受歡迎、西式的歌劇與日式的歌舞技均走向極致、西
式的洋服並未全然取代日式和服的重要性……等。據此，日本又找到一條
新的道路，一條從全盤西化走入融合本土文化的道路。

四、從軍國主義到去軍國化。

　　在伊藤博文採取中庸的融合本土路線之際，其起草旨在保護民權的
「大日本帝國憲法」中，亦融合日本傳統對天皇的尊崇，明令一條確立天
皇神聖地位不可侵犯的條款。在象徵現代文明的憲法當中，將天皇的絕對
權力（包含：統帥軍隊及對外宣戰之權）予以保留。由此確立了日本對
內高壓、對外擴張的軍國主義走向。日本於憲法頒布之後，不僅逐漸化解

---

[3] 所謂的「拿來主義」，意旨完全師法西方世界的國家發展模式。包括：仿效法國式的「繰絲
廠」、師法德國式的「礦山冶煉廠」、英國式的「軍工廠」等。除了購買機械外，日本政府亦重
金聘請了大量的國外技師。

尖銳的社會矛盾問題，日本的經濟亦隨之逐漸復甦興盛。日本師法德國採取有別於自由經濟發展模式的道路，又稱「統制主義經濟模式」。國家逐成為一國發展的主導力量。為了使國家發展更為迅速，日本更師法西方向外武力掠奪的擴張策略，逼迫鄰國韓國開放以從中獲利。選擇與西方列強共進退的作法，日本發動諸多擴張勢力之戰，諸如：1931年「九一八事變」、1937年「七七盧溝橋事變」、1941年「偷襲珍珠港事件」……等。然而，侵略戰爭最終帶給日本毀滅性的打擊，美國於日本廣島、長崎所投下的原子彈，造成日本巨大的經濟損失，也付出了慘痛的代價。

五、從去軍事化到穩定發展。

美國等西方國家對戰後的日本提供經濟資助，戰後的日本憑藉著明治維新時所建立的發展基礎，僅僅耗時20多年的時間便實現經濟的崛起。隨著年增產值的增長，日本的經濟逐漸恢復到較為穩定的發展。根據「大國崛起」影片中所探討日本經濟迅速恢復的原因，明治維新發展所留下的各項基礎（包含：科技、技術、人才等）成為重要關鍵。依據1947年5月日本頒布的新憲法中之精神，日本之主權屬於國民所有，天皇僅作為精神性的象徵存在。日本將永久放棄以主權所發布之戰爭。日本逐逐步從去軍國化的發展路線，走向和平穩定的經濟發展。

作為文化全球化的實例，日本崛起的歷程演進足提供後代研究文化發展的一大指標。全球化與在地文化間，並不必然走向純然的排斥與衝突。而國家從文化的接觸、適應到融合之發展，也不盡然是一步到位的。就日本的例子而言，從閉關鎖國到穩定發展間歷經無數的轉折，這些轉化過程均對文化融合造成極具重要之影響。以下，將從另個崛起大國－美國的實例來探討。

大國崛起：美國篇

自從1894年成為經濟強國之後，美國的經濟一直保持著持續高度的發展。在這樣的時期作總統，應該是一件爽快輕鬆的事。但希奧多羅斯福總統，卻在上任的第二年開始，實施了一系列政府監管經濟的措施。這在一貫倡導自由競爭的美國歷史上還從未有過。政府監管的矛頭，首先指向壟斷性的大公司和大財團……。

（《大國崛起》，北京中央電視台）

一、受英式自由市場主義影響。

19世紀的美國站在電器時代的前端，承襲著英國古典自由主義（Classic Liberalism）思潮之影響，[4]

---

[4] 1776年蘇格蘭經濟學家亞當斯密（Adam Smith）出版的《國富論》（The Wealth of Nations）一書中，羅列種種政府干預經濟發展將會導致的各項弊病得失。認為政府若能遠離經濟，使其免受干擾，方能促進國家經濟之繁榮。亞當斯密的論點就此為古典自由

朝向自由競爭市場的路徑發展。而美國國內經濟亦一直保持持續高速之發展。然而，美國在崛起發展之過程並非一路順遂，崛起初期陸續傳出競爭失序、大企業壟斷……等負面發展。迫使美國希奧多爾羅斯福（Theodore Roosevelt）總統必須出面實施政府監管壟斷財團的一系列政策。

二、國家陷競爭失序與壟斷危機。

自由放任的市場經濟在發展初期，隨著由約翰洛克菲勒（John Rockefeller）所創立的大型石油企業（標準石油公司），美國國內許多大型的企業財團開始形成一波波壟斷市場的大型「拖拉斯集團」（Trust）。[5] 壟斷企業對經濟發展造成最大的傷害，即為破壞了機會的平等性。為了緩解對經濟的傷害及弭平社會間日益尖銳之衝突，美國於焉採行「政府這隻『看得見的手』」，來控管經濟並解決競爭失序之問題。

三、國家干預並解散大型拖拉斯。

希奧多爾羅斯福（老羅斯福）總統面對市場競爭失序所衍生出的諸多問題，以及來自於民間巨大的反彈及壓力之下，著手處理大型壟斷企業的問題。據「大國崛起」影片中的陳述，美國最高法院於1911年判定標準石油公司壟斷違法。由於該公司妨礙了自由競爭、破壞機會之均等，法院下令解散該公司成若干小公司。美國政府並先後對40餘家大型壟斷企業提起訴訟，以瓦解各大產業的「拖拉斯集團」。同時，成立「公司管理局」以負責處理反托拉斯等相關訴訟。此後，美國政府限制企業壟斷行為的規範於焉確立。

放任的經濟學奠定基礎。Michael G. Roskin, Robert L. Cord, James A. Medeiros, and Walter S. Jones, 2012, Political Science，New Jersey: Pearson Education. Pp.40-41. 亦可參閱：黃秀端審閱，林承正等譯，2012，《政治學》，台北：雙頁書郎。頁46-47。

[5] 所謂的「托拉斯集團」，意旨在某個企業領域中，僅由一家企業一體化地寡佔所有資源之形式，進而透過決定售價及壟斷市場來達到主導之地位。國家可透過制定「反托拉斯法」加以控制管理。

位於美國首府的國會圖書館內，不僅收藏著許多珍貴史料，更是美國民主精神的一大象徵。
（照片來源：2010年作者攝於美國華盛頓特區）

四、國家投入大規模公共工程。

1929年至1933年間，美國經歷了全球性的「經濟大蕭條」（Great Depression）時期。富蘭克林羅斯福（Franklin Roosevelt）總統為應對此一危機，再次採用「政府這隻『看得見的手』」來解決經濟蕭條的窘況。在精神層次部分，小羅斯福總統利用「廣播」作為其「爐邊談話」的主要媒介。[6]藉由聲音傳達給民眾來自於心靈層面的希望。在具體作為部份，富蘭克林羅斯福（小羅斯福）總統施行開發大規模公共工程發展的「新政」

---

[6] 小羅斯福總統透過「爐邊談話」，傾訴目前國家面臨之現狀及政府因應的作法。民眾每到「爐邊談話」時間，習慣共同聚集以聆聽總統發言。此對當時安定民心及帶給民眾希望的意義重大。

▶▶▶ 延伸問題回顧及思考

★ 根據「文明衝突論」中之觀點，有哪些「文明衝突」的實例？
又你／妳自己是如何看待文明的衝突或融合？

★ 日本從閉關鎖國到穩定發展的路徑經過諸多轉折，其與「文化
全球化」的關聯為何？試說明之。

★ 自由市場資本主義在美國之發展並非一帆風順，當中歷經「政
府」與「市場」角色孰輕孰重之爭辯。你／妳支持經濟是由
政府這隻「看的見的手」、抑或是經濟這隻「看不見的手」主
導市場？請敘明理由為何。

（The New Deal）。[7]具體措施包括：制定法規及政策（如：通過《緊急銀
行法》、簽署《緊急救濟法》、通過《全國工業復興法》等）、建構新水
壩與復興航業、投入大量公共工程以提供民眾工作機會…等。

五、在自由機制下尋求平衡發展。

小羅斯福總統提出公民應享有「免於匱乏自由」之主張。並認為真正
自由者，理應享有基本經濟之保障。國家必須將之視為對於「基本人權」
之保障，並擔負起責任協助民眾擺脫貧困。隨著美國經濟狀況再次的逐步
起飛，逐漸尋求一種在自由機制之下的穩定路徑發展。領導人的思維方向
及「新政」後的國家發展，為美國在度過大蕭條後的穩定發展紮根。

---

[7] 「新政」（The Great Deal）有三大核心目標，包含：「救濟」、「改革」及「復興」。透過加
強國家對經濟的參與，緩解蕭條時期的危機及問題。主要政策包含：「公共工程建設」、「銀行
業整併」、「勞工權益保障」及「社會福利體系建立」等。

第十三堂課
環境全球化
——人口饑荒及水資源議題

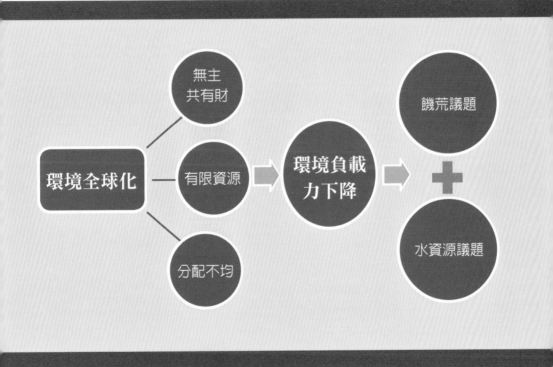

本課重點&圖示說明

↗ 理解環境全球化下的影響與發展。

↗ 理解環境承載力與環境議題之連結。

↗ 評析飢荒、水資源議題與的再思考。

01

🪐 環境承載力與救生艇的實例

　　1960晚期如加勒特哈汀（Garrett Hardin）等派的學者，對於環境資源及公共財議題的探討多從「人口」的角度切入研究。亦即當全球人口快速成長的同時，亦會帶來許多不可避免的環境悲劇。如：保羅埃爾利西（Paul R. Erhlich）在1968年的專書《人口炸彈》（The Population Bomb）中，提到了快速的全球人口成長率，對於有限資源的浩劫與可能帶來的傷害……等。[1]1968年哈汀發表著名的「共有財的悲劇」一文中，將濫用環境資源視為是共有財悲劇的實例，敘述個體的「理性計算」（Rational Calculation）因共享集體的資源將會造成整體環境的傷害。他同時將世界資源的環境承載力比喻為「救生艇」（Lifeboat）；並將「人口過多的國家」類比

---

[1] Paul R. Ehrlich, 1968, The Population Bomb. N.Y.: Sierra Club/Ballantine.

如同「過度擁擠的救生艇」，若不能限制這些國家過多的人口成長，那麼就會危及整艘船的安全。[2]哈汀並且強調過多的人口所造成的環境問題，不能依賴富有國家擔負責任而解決。人口過多的國家若不限制出生率，那麼這些過多的人口成長壓力以及食物需求，將會壓迫到已開發國家的食物生產能力。[3]

　　根據哈汀等學者所提出的概念可以觀察出，在無政府狀態下，共有財的使用因缺乏一個強而有力的權威機制加以規範維護，而走向共有財的悲劇。基於個別行為者理性的計算，享受共有財所帶來的好處，然對整體環境卻會造成傷害。國家是自私而貪婪的，對於資源利益的追求無窮止境且彼此衝突。因此，已開發國家並無必要去「完全承擔」這些環境資源的維護成本。相反的，我們必須要正視開發中國家（如:中國或印度）因人口過多所可能帶來整體環境負載過重的後果。再者，正因無一強而有力的中央權威加以限制管理，哈汀提出若無限制的給予使用公共資源的「自由」（Freedom），那麼將會「毀了整體」（Brings ruin to all）。因此，要解決環境的爭議必須要強加動機來限制天然資源的使用。

　　巴里史瓦茲（Barry Schwartz）在〈人類共有財的暴政〉（"Tyranny for the Commons Man"）一文中，認為：公共財的問題是由所有個體與集體、短期與長遠間的利益衝突所交織形塑而成。[4]國際場域上由於缺乏超國家的「治理主體」（Governing Body），因此要以合作的方式解決環境爭議是時十分困難的。由於難以明確獲知到其他國家的意圖，因此在合作過程中，容易陷入「背叛的循環」（Cycle of Defection）。[5]史瓦茲並清

---

[2] Garrett Hardin, 1968, "The Tragedy of the Commons," in International Politics, eds. Robert J. Art, Robert Jervis, 2010. N.Y: Longman, pp. 502-507. Marvin S. Soroos, op. cit., pp. 35- 49.

[3] Garrett Hardin, op. cit., pp.502- 507. Marvin S. Soroos, op. cit., pp.35- 49.

[4] Barry Schwartz, 2009, "Tyranny for the Commons Man," in International Politics, eds. Robert J. Art, Robert Jervis, 2010. N.Y: Longman, p. 509.

[5] Barry Schwartz, op. cit., p. 510.

楚論述到若沒有給予這些背叛者清楚真實的代價或提供促進合作的誘因，那麼所有關於環境變遷的條約都將持續是毫無用處的。[6]這些論述不僅點出環境議題所面臨的困難與窘境，更為環境議題談判的僵局與合作中的背叛做了分析上的詮釋。

[6] Barry Schwartz, op. cit., p. 511.

02

⭐ 糧食危機與饑荒議題

　　環境全球化下，各國間有關環境資源及生態鏈結的發展將牽一髮而動全身。由於環境議題的無主公共財特性，使得國家更加難以在短期內達成協商解決的共識。再者，人口議題加劇了有限資源的不可逆性，突顯與民眾生存休戚相關的糧食與饑荒議題。此外，人類現有資源亦面臨分配不均的現況。以上種種，皆是促成環境承載力下滑的主要成因。本篇將討論重點放在「糧食危機」與「饑荒」議題，在探討這個主題之前，先讓我們來檢視糧荒問題存在於各國的分佈現狀。有關37國糧荒危機示意圖可參考下圖所示：

37國糧荒危機示意圖
資料來源：聯合國糧農組織／
法新社

上圖顯示，多數現存仍面臨糧荒危機的國家，多數分佈在亞洲、非洲及中南美洲等國。其中，尤以中亞及西非區域內的國家，糧荒情況最為嚴重。這些國家的共同特性，包括：土地貧瘠、氣候乾燥、水資源較為缺乏、經濟狀況不佳……等。然而，糧食危機與饑荒議題如同其他環境議題般，實則與全球世界息息相關。其影響整體資源有效配置及全人類共同生活之環境，不能將之視為純然的區域性議題。紀錄片「餵不飽的地球」（We feed the world），正是紀錄著饑荒及難民死亡議題的嚴重性，並突顯造成此後果背後所隱藏的「共犯結構」。[7]其點出全球食品產業實則仍面臨嚴重的分配不均問題。如：換算奧地利維也納每日丟棄的麵包量，足以供應第二大城市三十萬居民所需。當歐洲力倡透過「糧食儲存計畫」來解決糧食不足的問題，全球每天卻有十萬人死於飢餓。針對飢荒問題，「餵不飽的地球」亦紀錄了一段來自巴西東北部伯男布哥的受訪片段：

> 我不想說謊，我們真的過的很不好。飢餓的問題非常嚴重。這裡沒有甚麼工作，有工作我們才能買東西吃，孩子也才不會受影響……。

> 飢餓是我們這時代的問題，只要下雨植物就會生長。雨要是不下，就會甚麼都沒有。人類生活將會越來越差，政府作得很有限，我們只有一些植物而已。政府官員當然知道我們快餓死了，他們偶而會送點物資過來，不過時有時無，然後我們就快要餓死了……。

---

[7] 《餵不飽的地球》是2005年由奧地利導演Erwin Wagenhofer執導、澳洲Allegro Film公司出品發行。此片獲得2006年德國藝術電影協會最佳紀錄片、2006年莫托文電影節費比西雙料大獎……等評價。紀錄片中論述許多發人深省的探討議題，如：當歐洲的「糧食儲存計畫」聲稱拯救了全球的糧食短缺，南美洲遭砍伐的雨林卻造就了另一個生態危機……等。

上述受訪內容，道盡巴西當地民眾對於飢餓問題嚴重的恐懼與無奈。然而，諷刺的是，巴西是全世界大豆生產量供應最多的國家，國家將大量的雨林面積砍伐以種植經濟效益較高的農作物，然而，國內多數民眾卻仍深受飢荒與糧食不足的危機所擾。顯而易見的，巴西的糧食生產運作模式轉變，非但沒有改善國內日益嚴重的飢荒問題，政府未善盡對大片雨林面積的保護，卻造成另一個對永續生態環境極其威脅的破壞。

03

水資源議題

在人類毫無節制地浪費下，地球資源逐漸減少，包括最重要的生命三元素之一：水。隨著水資源越趨珍貴，龐大的跨國企業以經濟自由名義，脅迫已開發國家政府將水資源轉作利益收入……。[8]

　　紀錄片「水資源大作戰」（Blue Gold），主要探討四大與水資源相關的主題。包含：「水源汙染」、「超抽地下水」、「興建水壩」及「水的商品化問題」。紀錄片中同時透過探訪為「用水權」而挺身對抗政府的人民，藉此突顯水資源與民眾日常切身相關之議題。以下將整理紀錄片中的諸多探討議題

---

[8] 《水資源大作戰》改編全球暢銷書，原作迄今已翻譯成16種語言，並於全球超過47個國家銷售。台灣區於2009年由輝洪開發公司總代理發行。此片獲得多項大獎殊榮，包括：溫哥華國際影展觀眾票選大獎、加州新港灘電影節最佳紀錄片、歐洲獨立製片影展最佳生態電影、貝洛特國際電影節最佳紀錄片、亞特蘭大紀錄片影展最佳紀錄片、棕櫚泉國際電影節觀眾票選大獎……。

供應美國三個洲（加州、亞利桑納州及內華達州）的胡佛水壩（Hoover Dam），堪稱美國西岸最重要的水利建設之一。

（照片來源：2008年作者攝於美國胡佛水壩）

之處：（一）水源汙染。水源汙染的過程同樣會反映在大自然的循環裡。工廠排放廢水、農業使用化學藥劑……等導致了水源的污染。各式的廢氣也造成了雲層的污染，最終降下的雨仍是回到人們生活的地表。水源的污染不僅導致農作的損失，亦嚴重影響民眾的健康。（二）超抽地下水。流經都市的主要大河遭受污染後，民眾轉而仰賴地下水地取用。然而，當地下水的「抽水」速度超過其「涵水」速度時，超抽的結果將導致難以回復的地層下陷問題。（三）水壩建造。「水資源大作戰」探討了一個讓我們反思的問題－「水壩的建造究竟是解決了給水問題、抑或是帶來了更多新的問題？」片中談到：水壩的建造實則是一種切斷河流生態體系與水文循環的設計，此將致使河裡的有機物質無法自然傳遞。它讓原本流經土壤的養分隨之減少，而匯聚在水壩的有機質又將造成水溫的升高，不僅大量消耗水中的氧氣，也使得水質劣化。如此，民眾又必須再進行另一套水質淨化的工程，而造成另一項問題。（四）水的商品化問題。水資源原是人類基本生活所需的三大元素之一，然許多國家內的企業將水「商品化」以換取營收。試想，當水資源的取得出現了壟斷性及排他性後，民眾的生活又將會受到何種程度的束縛與限制。此外，商品化水資源的企業為了便於出

售，又將消耗更多的水去製造裝水的寶特瓶容器，如此同樣製造更多的問題出現。[9]

隨著環境全球化議題的加深加廣，水資源議題之探討也不再侷限於水源安全的破壞及汙染。水資源企業民營化與否的問題，長期亦受到許多關注。正如同「水資源大作戰」中所探討「法國」民營化水公司的實例一般，法國政府施行水公司民營化政策由來已久，這些民營化的水公司會運用眾多方式取得與政府官員斡旋協商的機會，以換得公司增進收益的好處。此時，環境的議題業已不是單純的環境議題，而加入了更多「政治」、「經濟」議題的探討層面。

---

[9] 有關此問題，2008年7月曾有過一則有關法國民營水公司的報導。報導指出：「環保意識抬頭，突顯了瓶裝水的汙染問題。經媒體計算，一公升的水重一公斤，從產地艾維昂運到巴黎要600公里，約耗費0.15公升的柴油（200克的二氧化碳），瓶裝水從產地到飯桌上需要在地球上排出400克二氧化碳，飲用自來水每公升排出的二氧化碳則小於一克。」詳細內容參閱：《台灣立報》，2008年7月15日，〈法國水公司民營　自來水更好喝〉，http://www.lihpao.com/?action-viewnews-itemid-21084.

▶▶▶ 延伸問題回顧及思考

★ 你認同加勒特哈汀（Garrett Hardin）對於環境負載力及救生艇（Lifeboat）的觀點嗎？又何謂「理性」？Hardin如何以「理性」來說明環境議題的困境？

★ 環境全球化下的環境議題有哪些特性？就你個人而言，環境議題是否無解？請敘明你的看法。

★ 影片「水資源大作戰」（Blue Gold）中，論述哪些重大的水資源危機？你支持水公司民營化嗎？請敘明理由。又水資源議題與「政治」因素的關連為何？

第十四堂課
環境全球化
──氣候變遷議題

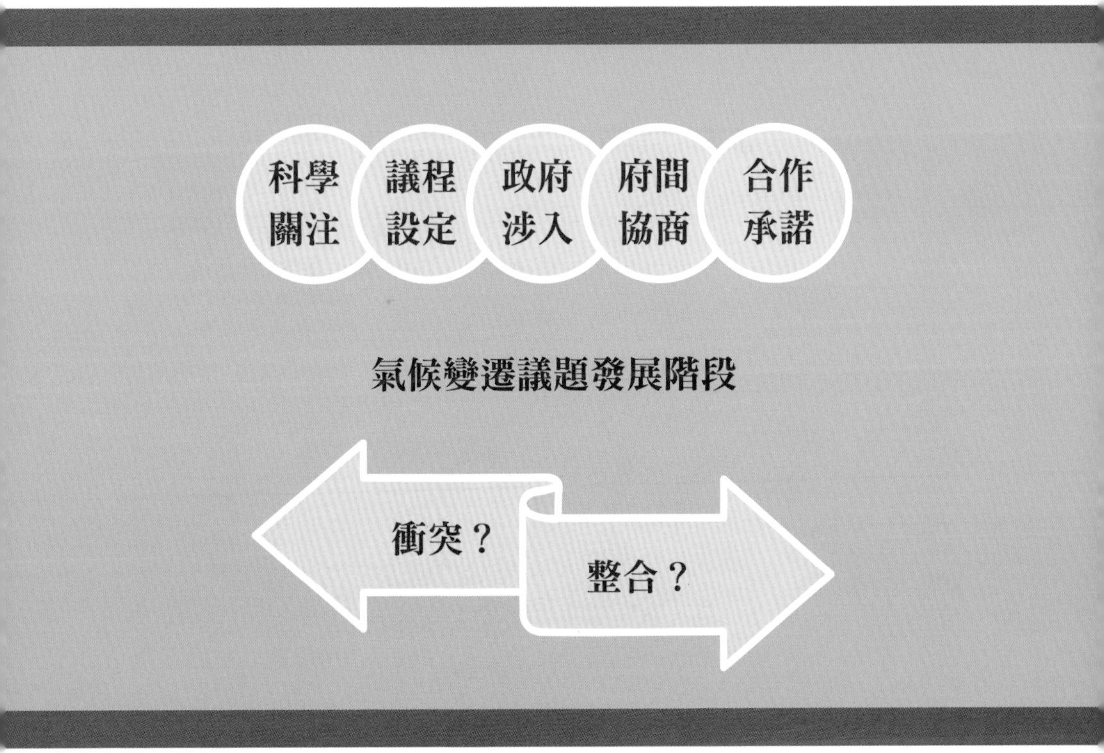

科學關注 議程設定 政府涉入 府間協商 合作承諾

氣候變遷議題發展階段

衝突？ 整合？

本課重點&圖示說明

↗ 理解全球化的分類與類型。

↗ 理解全球化的流派及其主張。

↗ 延伸全球化發展之實例。

01

🪐 氣候變遷議題的緣起及發展階段

　　有關全球氣候變遷發展之歷史，學者丹尼爾波登史蓋（Daniel Bodansky）曾將1980晚期及1990年代視為是氣候變遷環境行動浪潮的開始。以1985年作為分水嶺，直到1992年聯合國於里約召開的「聯合國環境及發展會議」（United Natons Conference on Environment and Development, UNCED）為止，將氣候變遷發展區分為五大階段。分別為：（一）**1985年前的「科學關注時期」**。對於全球暖化發展的科學數據及資料的關注。（二）**1985-1988年的「議程設定時期」**。氣候變遷已從科學議題轉變為政策的議題。（三）**1988-1990年的「政府涉入時期」**。逐漸增加政府涉入政策過程討論的重心。（四）**1992年的「政府間協商時期」**。以氣候變化框架公約為原則下，政府間正式協商討論的階段。（五）**1992年後的「合作承諾時期」**。著重實踐氣

氣候若持續變暖而未加控制，高緯度的加拿大落磯
山脈是否有一天不再融冰？圖左為加拿大哥倫比亞
冰原雪車。
（照片來源：2012年作者攝於加拿大洛磯山脈的哥倫比亞冰
原Columbia Icefield ）

候變化框架公約的合作基礎及協商承諾。[1]據此，可從丹尼爾波登史蓋之階
段界定中，清楚將自1980年晚期至1992年後之氣候變遷發展歷程，歸納為
五大發展階段。

　　此外，德特雷夫史賓茲（Detlef F. Sprinz）亦同意1980年代晚期為全
球氣候變遷管理途徑的新開始階段。而自此時期後，全球環境變遷之議題
也逐漸成為主導地球環境意識之基礎。[2]然而，德特雷夫史賓茲與優爾斯魯
特貝裘（Urs Luterbacher）也承認，當時氣候變遷之發展仍在建構當中。

[1] Daniel Bodansky, 2001, "The History of the Global Climate Change Regime," in Urs Luterbacher and Detlef F. Sprinz, ed., 2001, International Relations and Global Climate Change, London : The MIT Press, pp. 23- 24.

[2] Detlef F. Sprinz, 2001, "Comparing the Global Climate Regime with Other Global Environmental Accords," in Urs Luterbacher and Detlef F. Sprinz, ed., 2001, International Relations and Global Climate Change, London : The MIT Press, pp. 247- 248.

與其他環境相關的發展體制相比，氣候變遷之協商機制及結構尚未成熟。[3]
並且，要達成國際氣候體制的成功變革，尚須仰賴國家間在現行架構及國際規範下的管理機制。因此，氣候變遷之議題發展仍須面臨許多挑戰及威脅。一份來自「國際永續發展組織」（International Institute for Sustainable Development）的報告顯示，溫度的改變將對人類系統產生影響。不僅對動植物的生活、海平面之上升、糧食安全等都將造成危機。[4]因此，氣候變遷之議題不僅與人類健康及社會經濟相關，亦涉及人類生存安全及生活福祉等。國家在1992年氣候變化框架架構下，藉由著國際合作及協商之方式企圖解決氣候變遷議題。有關氣候變遷重要會議大事記的圖文整理，請參閱後方附件。

---

[3] Urs Luterbacher and Detlef F. Sprinz, 2001, "Conclusions," n Urs Luterbacher and Detlef F. Sprinz, ed., 2001, International Relations and Global Climate Change, London : The MIT Press, pp. 297- 298.

[4] International Institute for Sustainable Development Report, 2007, " The Climate Change Challenge," Climate Change and Foreign Policy: An exploration of options for greater integration, Winnipeg, Manitoba, Canada: Unigraphics Ltd., pp.3- 4.

02

🌠 氣候變遷議題因應的困難

　　學者優爾斯魯特貝裘及德特雷夫史賓茲曾針對氣候變遷的集體公共財特性提出討論。其認同加勒特哈汀所提出「共有財的悲劇」之論點。具體指陳全球氣候變遷之因應乃須倚靠國際間的合作才得以實踐。然而,由於氣候是任何人均可獲得的共有資源。因此,資源的共有特性也將導致管理及規範上的限制。除了共有財所造成合作的困境之外,因應氣候變遷也將導致與國家經濟及煤炭、燃油企業等發展利益集團的對立。德特雷夫史賓茲(Detlef F. Sprinz)[5]和馬丁韋伯(Martin Weiβ)在其研究中曾指出:「即使環境利益團體的組織再好,它們對於執政團隊的效果仍舊有限。因為受到國內資金龐大的企業團體所影響。這些團體將會致力於阻止對於溫室氣體排放減量之限制義務。」[6]因此,要推行有利於因應氣候變遷之環

---

[5] Urs Luterbacher and Detlef F. Sprinz, op. cit., p. 9.

[6] Detlef F. Sprinz, and Tapani Vaahtoranta, 1994, "The Interest-Based Explanation of International Environmental Policy." International

境政策，環境利益團體須面臨與財大勢大的企業團體相抗衡之窘境。

　　而氣候變遷因應的另一項困難，則是來自於國家發展不同而導致不平等的國家協商基礎。學者愛德華派森（Edward Parson）及理查瑞克哈瑟（Richard Zeckhauser）曾就氣候變化框架公約下的協商機制作出觀察，其共同認為國家間就環境協議的協商機制，是在一個不平等的世界下所進行的。[7]其突顯了國家間發展不對稱的前提，將導致氣候協商機制基礎的差異。而這項差異也將導致國家與國家間對於環境責任歸屬的認知差距與分歧。學者理查史帝瓦特（Richard Stewart）及約翰阿斯頓（John Ashton）也曾就不同國家發展狀況的主要溫室氣體排放國，在氣候管理規範上所造成的差異及困難現象進行研究。其表示：「要促使主要開發中排放大國參與減排義務，其挑戰是越來越大的。」[8]英國氣候變遷特別代表約翰阿斯頓（John Ashton）及世界銀行諮詢專家王雪曼（Xueman Wang）曾就氣候原則的公平性議題提出探討。其表示因應氣候變遷之行動，有賴其因應氣候變遷之能力。然而，已開發之工業國家相較於其他國家，有更多獲得科技資訊之管道及資金支援。在連結國內資源及國際承諾時，已開發國家也擁有相對於開發中國家更多的基本能力。[9]因此，其不僅是因為開發中國家之國內發展仍未臻成熟，其國力及經濟力仍不足以負擔減排所須的資金及技術。是故，已開發國家應扮演起協助開發中國家限制排放義務之角色。

Organization, Vol. 48, No. 1, p. 79.

[7] Edward Parson and Richard Zeckhauser, 1995, "Equal Measures or Fair Burdens: Negotiating Environmental Treaties in an Unequal World," in Henry Lee ed., 1995, Shaping National Responses to Climate Change, Washington D.C. : Island Press, pp. 81- 82.

[8] Richard B. Stewart and Jonathan B. Wiener, 2003, "Participation by All Major Greenhouse Gas-Emitting Nations in Climate Regulation," Reconstructing Climate Policy Beyond Kyoto, Washington, D. C.: The AEI Press, p. 43.

[9] John Ashton and Xueman Wang, 2003, "Equity and climate In principle and practice," in the Pew Center on Global Climate Change report, 2003, Beyond Kyoto Advancing the international effort against climate change, pp. 63- 64.

國家氣候變遷議題除了須面臨共有財的困境,及國家發展不平均的先天差異外。仍須克服主要的已開發排放大國－美國,不加入氣候協議規範之挑戰。正如同學者理查史帝瓦特及強納生威拿的觀察,任何在國際法架構基本原則下的國際協議,均須在國家願意加入並接受後始生效力。而有關氣候變遷的因應,包括巨大的經濟成本、國內企業遊說壓力、國會須高門檻始能通過批准等因素。使得美國決定不受其溫室氣體排放管制之拘束。[10]美國決議於2001年退出《京都議定書》即是一例證。同時,美國也宣布不參與與京都機制有關的相關協商與討論。此皆與美國維護其國家利益及國內經濟發展之考量層面有關。然而,氣候變遷因應亦提供了國家整合之契機。以下將針對相關文獻加以彙整論述。

---

[10] Ibid, p. 37.

03

氣候變遷議題的整合機會

　　全球氣候變遷議題有賴國家之合作及共同的力量
得以解決。德特雷夫史賓茲及優爾斯魯特貝裘如是認
為，並提出隨著全球氣候變遷的危機出現，隨之而來
的是對國際合作及協商之需求。[11]學者丹尼爾波登史
蓋在提出氣候變遷體制的歷程發展之研究時，亦提出
了氣候變遷帶來的認知轉變。其提到氣候變遷使得國
家意識到其所帶來的危機是集體共同、而不再是個別
國家的。[12]因此，國家間也必須仰賴共同的因應合
作來解決共有的議題。這逐漸型塑氣候變遷整合之
契機。

　　根據「國際永續發展組織」的研究報告指出，
氣候變遷有助於提供多元議題整合之機會。整合範疇
包含了：（一）**增加國家多元回應氣候變遷之能力。**
（二）氣候變遷及能源安全目標的結盟。（三）氣

---

[11] Urs Luterbacher and Detlef F. Sprinz, op. cit., p. 9.
[12] Daniel Bodansky, op. cit., pp. 37- 38.

候變遷及和平安全結合的實踐。（四）氣候變遷與貿易政策連結的策略。
（五）影響開發中國家的發展合作政策連結。[13]就「國家多元回應氣候變遷」部分，學者們綜合於報告中的觀察提到，在聯合國體系下，惟有透過合作及強化體系的有效性，國家才能有效性的達成多元回應氣候變遷議題之目標。因此，可以將聯合國的體系架構視為背景框架，而將氣候變遷視為國家討論之議程選項。而在「與能源安全目標之結盟」上面，2006年八大峰會國（G8）曾就此提出具體架構方案。該整合方案包括：主要能源生產的國際行動及合作、安全及貿易的基礎設施、對改善能源有效性的需求認知、乾淨能源的發展及採用、及個別國家發展能源安全計畫的需求等等。[14]此整合機會將促使國家發展與投資相關的能源研發、生產、運輸及使用等類別。而這些均有利於因應氣候變遷議題及永續能源發展。

在「與和平安全結合的實踐」中，與國際和平與安全結合之目的，在於促使國際社會將氣候變遷視為一項威脅。傳統而言，普遍將焦點放在立即的威脅。然而，氣候變遷議題之挑戰在於如何說服成員國該議題將是一個即將要發生的威脅

因此，聯合國大會已直接將海平面上升對小島國家的威脅連結。[15]而此正是將國家安全及生存與氣候變遷之議題相結合。而在「與貿易政策連結的策略」方面，「國際永續發展組織」的研究報告中指出，致力於發展貿易投資及政策之機會，將有助於達成國際氣候變遷之目標。[16]發展中國家透過貿易及投資中的獲利，使其國內機制之措施及運作能更具有效能。如此亦將有利於開發中國家因應氣候變遷行動之目標。最後，在「與影響開發中國家發展合作政策連結」部分，國家即使因為發展程度不同而有不同的

---

[13] International Institute for Sustainable Development Report, op. cit., pp. 11- 29.

[14] Ibid, p. 14.

[15] Ibid, pp. 22- 23.

[16] Ibid, pp. 26- 27.

合作需求。但連結發展合作策略將能成為影響開發中國家因應氣候變遷之手段。[17]而若能與發展中國家連結得宜,則能鼓勵並刺激發展中國家達成減少溫室氣體排放量之承諾目標。未來發展中國家也將在因應氣候變遷發展扮演重要的角色。

---

[17] Ibid, pp. 29- 30.

▶▶▶ 延伸問題回顧及思考

★ 針對氣候變遷及全球暖化議題,透過「集體合作」是否能成為一成功解決之方式?請敘明理由。

★ 哪些國際或是國內的因素,可能成為影響國家制定氣候變遷因應政策的成因?你支持國家推動氣候變遷立法嗎?為什麼?

★ 「經濟發展」與「環境保護」間的兩難困境為何?又有哪些良性發展的可能性?「國家發展」與「環境責任」間有關連嗎?請論述你的看法。

第十五堂課

環境全球化下之實例探討
——當人類消失之後？

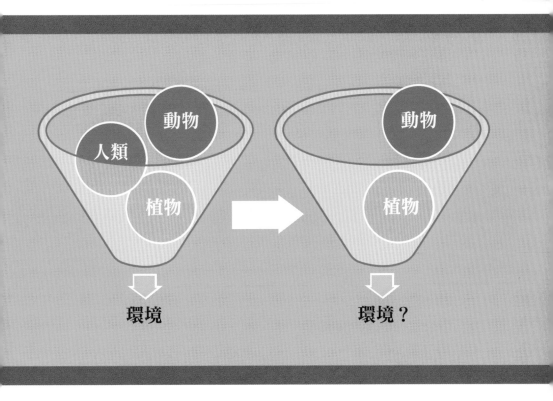

本課重點&圖示說明

↗ 想像人類消失後的世界圖像。

↗ 思考人類消失後，文明存在的意義。

↗ 反思人與環境間的共生關係。

01

 人類消失後的想像世界

美國國家歷史頻道（The History Channel）在2008年錄製了一部紀錄片名為「人類消失後的世界」（Life After People）。[1]此部紀錄片結合了工程學，植物學，生態學，地理學……等各項專業知識，描繪了一個想像中的世界，一個僅僅留下人類文明、而人口滅絕的世界。以這樣具有深度探討及反思議題的紀錄片作為環境全球化下的實例探討，至少提供了我們幾大思考面向：

一、導致人類消失的可能成因為何？

二、人類消失後的世界有何改變？

三、人類消失後的第100年與第10000年，長什麼樣子？

---

[1] 「人類消失後的世界」是由美國歷史頻道製作的2008年年度3D動畫大片，首播超過五百萬人觀看，創下美國歷史頻道收視最高紀錄。本片探討的想像世界包括：如果人類消失、地球將何去何從？生態系統能否維持穩定運作？哪些文明遺跡旋即崩解而消失殆盡？人類的價值意義又何在？……等問題。透過影片的省思，讓我們更深刻理解環境全球化下的人類價值與環境議題。

四、人類的價值與地球的關係為何？

　　為了解答上述問題，我們必須從影片所透露的脈絡中尋找答案。**研究環境議題，我們必須嘗試從自身角度出發**，思考切身相關的一切有形、無形、有生命及無生命之物，便可明白其中道理。而有關環境全球化議題的制度面向探討，我們可以透過檢視文化、知識與科學網絡，來追溯全球與區域環境退化之型態，藉此建構全球環境的相互聯繫模式。其次，檢視意圖調控環境退化之國際與跨國政治網絡與組織，以及透過數量、適用範圍與強制性規範之觀點審視全球與區域環境制度、法令、條約及相關協定……等。最後，檢視前述兩項因素間的交互影響，如何形成與決定國內政治機制、環保運動與環境抗爭之型態。

　　一個人類消失後的世界，究竟是長甚麼樣子？影片中所描繪的想像世界，跳脫以人類為主軸的思考模式。而是以「地球」作為思考主體。身為大地之母，環境的存續似與人類的存在與否無關。當人類消失後，文明將短暫停留；然而，當人類文明消失，地球卻依然循環。片中提出一項反思：「**地球可以沒有人類而運作；人類卻不能不仰賴地球而生存。**」類比地球之大，人類的角色在宇宙中顯得格外渺小了。本堂課意圖藉由「人類消失後的世界」一片所帶來的省思，評析環境全球化時代下人類及環境議題的關連及重要性。

02

🪐 人類文明的去與留

　　「人類消失後的世界」利用時序來鋪陳人類文明消失的軌跡。起初，人類文明並不會有明顯的變化。然隨著時間發展，在人類消失了20年、40年、50年、75年、乃至於100年後，人類曾引以為傲的各項建設、發明……都將逐漸凋零。以下，茲將本片所呈現的人類文明發展，整理如下表所示：

人類文明消失軌跡發展與脈絡

時序推演	人類文明消失的軌跡
人類消失20年後	建築物因缺乏維修而斑駁腐化。植物爬滿建築物，使得樹根水份擴散、生長進而拉裂混凝土，造成建築物的倒塌。片中以烏克蘭車諾比核災的普皮雅市為例。
人類消失40年後	木造房舍燒毀。白蟻吞噬木材纖維、木材腐爛且樑柱傾倒。缺乏人類的維修下，鹽晶及風化造成石造、磚牆等牆面的侵蝕。水壩的潰堤也將影響下游村落遭受吞噬。
人類消失50年後	現代建築物亦難倖免。缺乏人類維修及上漆，大型橋梁鋼纜腐蝕。鋼纜中含有95%到98%的鐵，也將在濕氣中生鏽腐敗而斷裂。片中以紐約布魯克林大橋為例。
人類消失75年後	車輛淪為腐鏽殘骸，成為廢鐵。
人類消失100年後	人類知識資料庫所保存的珍貴資料消失。紙張紀錄及影像底片受到溫度及濕度的破壞而消失。書籍、數位媒體、CD或DVD皆無法倖存。
人類消失500年後	世界進入倒塌年代，鋼鐵圖騰因缺少油漆維修而腐朽；所有指標性的建築物也因強勁風暴及地心引力而造成傾斜倒塌。現代混凝土的設計也因水分高、密度鬆而易導致崩裂。片中以西雅圖太空針塔為例。
人類消失1,000年後	世界幾乎已無法辨認，土地也幾乎沒有建築物的遺跡。原本的繁華街區遍佈叢林及河道，樹木河流再生。水循環重建，土地又重新組合。大自然形成新的地貌，回復到原有的綠色中心。
人類消失10,000年後	即使少數堅固巨大的建築物能夠留存（如：埃及金字塔、中國萬里長城、美國總統巨石山……等），未來能透過無線電波傳遞人類文明軌跡的訊號，在一、兩個光年後也將成為無可辨識的雜音。人類文明蹤跡亦再無法透過科技訊號的媒介流傳。

收藏於美國國會圖書館內,為人類
史上有記載以來的第一本聖經。在
沒有人類的妥善照顧之下,再珍貴
的史料也將損壞殆盡。
(照片來源:2008年作者攝於美國華盛
頓特區國會圖書館)

　　透過「人類消失後的世界」中所描繪的世界,鐵會腐蝕、混凝土會崩
塌、木頭及紙類亦會腐朽……。自人類消失20年後一個逐步被藤蔓植物所
佔據的世界,再到後期各項具文明指標性的大型建築物逐一崩落。尤其,
當象徵人類文明智慧結晶的知識產物不復保留,未來所能想像的圖像是
——「文明軌跡終將在人類消失過後難以為繼。」然諷刺的是,大自然的
生態環境卻是逐漸回復至過往生氣蓬勃的發展狀態。影片中曾描述,在人
類消失150年後的世界,海洋環境由於少了人類的濫捕及各項汙染肆虐,
海洋生物驚人的繁殖力將使得海底的各項生物量(如:鯨魚、鮪魚、海
龜……等)大量激增。在人類文明軌跡逐漸消失殆盡之際,海洋物種卻因
人類的消失而回復至過往豐沛的海洋生態。這樣諷刺的對比,表現在土地
上生態環境的現狀亦是如此,片中以紐約曼哈頓的河道地貌終將取代人造
街道為例。描述當建築物的遺跡消失,地球已無任何人類活動的證據,遺
留下的將會是一個回歸到原始自然環境的綠色星球。

03

 人與環境的共生關係

> 環境最終會戰勝一切，……如果地球存在的
> 四十五億年被濃縮成二十四小時，那一萬年
> 的經歷將變成一秒。人類在地球的時間，就
> 只有半分鐘了……。
>
> （人類消失後的世界）

　　「人類消失後的世界」一片帶給人類無限省思。透過地震、沙塵暴及大雨……的形式，大地之母的反撲使得環境終將戰勝一切。人類依賴地球而生，享受大自然造物的所有資源。伴隨著人類文明軌跡的逐漸消逝，當人類消失過後，大地又回歸最初態樣那般。塵歸塵、土歸土。以地球存在而換算人類存在於地球的時間，人類存在的過往看似如此短暫而不足為道。然而，這些真是本片最終所要傳達給觀眾的意念嗎？當我陳述如是問題詢問在座同學，大家紛紛表示看法。A同學說：「人類的消失，

似乎是對地球永續存在最好的方式。」B同學附和：「原來沒有人類的地球是那麼的美！」不意外地，持有與上述兩位同學相同看法的同學，幾乎佔了九成以上。學生們普遍對於人類所帶給地球的破壞與威脅，抱持著頗為無可奈何的立場。是的，「人類消失後的世界」的確讓我們領略了，在一個沒有人類後的想像世界中，多數生態發展相較以往更加欣欣向榮。對比人類存在時所遭受的恣意破壞與摧殘，似乎沒有了人類存在，大地之母越發恢復以往的榮景。然，如果這就是本片所要帶給觀眾的意念與想法，那麼人類也甭談甚麼進步與永續發展了。因為這些終將對地球的保護毫無意義。

當進一步請同學們認真思考本片所要傳達的意涵時，須特別突顯「人類消失後的世界」一片結尾時所呈現的一段描述。它說：「未來，黑猩猩最有可能會取代人類，大自然要提升（生物）智商是很容易的。但要提升到能自我思考，思考自己在地球的角色，卻很困難。」換句話說，未來地球存在能使用器具生活的高智商生物體並不困難，困難的是這些生物體是否具有思考及思辨性。就像本片最終所提到的一項反思：「人類消失後，地球會延續。但沒人交談、沒人會思考……。」人類存在的價值與可貴之處，不正是我們能對所處的環境進行無限的反思、反饋與互動交流嗎？

▶▶▶ 延伸問題回顧及思考

★ 人類消失一千年及一萬年後的世界，與你的想像是否相符?為什麼?

★ 請從影片中所提出的多項論點，反思人類與環境間的共生關係。

第十六堂課
後全球化時代的反思與未來

全球化時代

後全球化時代

【經濟面向】→是否更拉鋸貧富差距？
【政治面向】→是否更擴大國家歧異？
【文化面向】→是否更加劇文化衝突？
【環境面向】→是否更加深環境危害？

本課重點&圖示說明

↗ 從不同面向反思後全球化時代的爭議議題。

↗ 思考後全球化時代的議題因應與展望未來。

01

⭐ 後全球化時代的爭議與反思

　　全球化究竟是不是一件好事？本堂課將援引哥倫比亞大學賈迪希巴格瓦蒂（Jagdish Bhagwati）教授的論點，作為本書結尾反思的論述支撐。賈迪希巴格瓦蒂教授曾擔任外國關係諮委會的國家經濟組資深委員。其主張接受「全球化是好事，但它還不夠好」的論點，並在In Defense of Globalization一書中，大力闡述應如何重新面對並思考全球化的各項議題。[1]作為奉行支持全球化發展觀點的賈迪希教授，書中先就反全球化論者的主張進行對話與回應，並就各項全球化衍生的相關爭議進行整理。諸如：全球化是否使民主陷入危機？全球化是否造成更多的窮人問題？全球化是否使得大企業更具掠奪性？……等。本文也試圖

---

[1] Jagdish Bhagwati, 2004, In Defense of Globalization, Oxford University Press.亦可參閱由周和君譯，Jagdish Bhagwati著，2012，《一口氣讀懂全球化》，台北：五南圖書出版。

承襲賈迪希教授的多項論點，輔以本書所討論有關「經濟」、「政治」、「文化」及「環境」等四大全球化面向的探討，結合四項後全球化時代的主要爭議及反思主題。以下，將分別針對該主題進行討論及評析：

一、經濟面向：是否更拉鋸貧富差距現象？

經濟全球化之發展是否會拉鋸貧富間的差距？進而形成窮國越來越窮的窘境？賈迪希巴格瓦蒂教授引述經濟學者亞當斯密所認同的概念，提出：「貿易增強了成長，成長實則有助減少貧窮。」[2]據此，他將此觀點延伸推論：「如果沒有方法可以明顯改變各國的收入分布，讓最底層百分之三十的人受益，最重要的事情就是『把餅做大』。」透過貿易發展及國外直接投資（Foreign Direct Investment, FDI），發揮各國的比較利益優勢，進而供應給合作後更大的市場。此外，窮國越來越窮的議題，應該要回到政策面與制度面的角度思考。大至國家貿易壁壘的障礙、民主程度與否，小至民眾消費習慣的選擇、資金的運用⋯都可能是造成窮國經濟狀況無法好轉的因素。若將貧富差距的現象，都歸咎於經濟全球化發展的惡果，將無法解釋即使國家經濟條件改變，亦無法一併改變國家民眾原有的消費習慣、就業比率提高、政治體制更加民主⋯⋯等現狀。

二、政治面向：是否更擴大國家觀點歧異？

全球化是否會擴大國家之間觀點的差異，進而導致衝突呢？賈迪希巴格瓦蒂教授同樣援引美國政治學者李普賽（Lipset）所提出的主張：「一個國家的經濟若成長繁榮，將成為推動中產階級興起的力量。⋯⋯這些新興的中產階級將扮演推動民主的推手。」[3]此外，學者麥克羅斯金（Michael G. Roskin）及羅伯特寇爾德（Robert L. Cord）等人亦曾在Political Science一書中引述李普賽的觀點，當中提到穩定的民主政體比不穩定的獨裁政體

---

[2] 同上註，頁63。
[3] 同註60，頁112。

擁有更多的財富、工業、教育……等。因此，穩定的民主政體更加工業化。工業化國家因有大量的中產階級，而這些中產階級將形成民主的基礎。[4]全球化的好處在於能透過廣泛的自由貿易促進跨國資金的流動，進而增長國家的整體收益。在Political Science一書中，羅斯金等人提到：「平均每人每年國內生產毛額高於八千美元的國家大部分是民主政體。當他們建立了民主政體，通常能持續運作。……當國家工業化了，中產階級和教育程度都將隨之增加。……」因此，全球化實則並不會直接地導致國家觀念的歧異，反而會因為市場的資加及資金的流動，提升國家的民主及發展程度。

三、文化面向：是否更加劇文化衝突危機？

文化全球化的發展，究竟是侵蝕本土文化的本質抑或是發揚更多元的文化風貌呢？賈迪希巴格瓦蒂教授在其In Defense of Globalization一書中，也反問過類似命題：「文化：深受其害或更豐富多元？」有趣的是，當他提出許多可能危害主流及本土文化的反例後，卻進一步論證如此的說法過於簡化及悲觀。他認為：「經濟全球化在本文方面，反而更能增添其過程豐富性。」回顧本書第十二堂課探討文化全球化實例中的日本，正是提供檢視全球化與文化面向發展的最佳例證。日本從閉關鎖國到打開國門的西化發展，一路歷經文化的適應及轉型。全球化與在地文化間並不必然因接觸而互斥衝突。日本的文化融合說明傳統與現代交相發展與正向互動的可能。本書第四堂課提及曾被評選為世界設計之都的南韓首爾，也在城市中展現融合在地文創及現代潮流的發展元素。這些例子都能反映文化全球化的發展非但不會成為加劇文化衝突危機的源由，更可能是帶來全新文化發展的另一項契機。

---

[4] Michael G. Roskin, Robert L. Cord, James A. Medeiros, and Walter S. Jones, 2012, Political Science, Longman: Pearson Education, p. 33

四、環境面向：是否更加深環境資源危害？

環境全球化是否會造成環境資源的危害更加擴散呢？賈迪希巴格瓦蒂教授同樣在書中告訴讀者，我們應正視環境評估的「真正問題」，而非斷然地將全球化與造成環境傷害的連結在一起。如此，將能避免視全球化必然造成環境傷害的謬誤。而有關環境評估的真正問題，其提到：「事實上，隨著經濟發展之延續，汙染程度實則隨之遞減。它們從密集汙染的初級生產，轉變成較少汙染的製造業，再進步到目前污染最低的服務業。這種自然進化過程，本身就能夠逐步降低汙染。」藉由科技的日益創新與人民生活水準的提高，生產過程中對環境的破壞實則是可能降低的。因此，真正的問題著實不再全球化是否必然造成環境汙染的破壞，而在於人們的環境意識與環境政策是否相映落實。筆者曾於《國際關係與環境政治》一書的結語中，作如是觀察：「環境議題的公共財特性並非無解……，如歐盟帶給國際社會的示範作用即是一例…，說明了各國在『有限』的前提下逐步朝向協商與承諾之路徑。」這亦可說明環境議題可透過國際合作的架構漸進化解，環境全球化亦可能帶來國家發展與整合的契機。

02

 後全球化時代的現代公民角色

　　「現代公民」的角色與態度，將對後全球化時代的展望與發展具有決定性的影響。以下茲結合本書各課的核心概念，將「現代公民」應俱備的能力與角色整理分述如下：

　　一、問題分析與知識反省、搜集資訊並運用於解決問題。

　　本書針對每單元的課程主題，提供現代公民所應具備的基本概念與知識。現代公民應具備問提省思之能力，培養團隊合作之精神，更重要的是，學習如何提出問題、發現研究核心、蒐集資料以分析各項議題……等部分。

　　二、溝通及掌握媒體渠道並善用媒體內容。

　　本書第十一堂課的「文化全球化」篇中，我們探討了傳播與資訊社會下的傳媒角色，現代公民須培養「媒體識讀」的能力與辨思「政治」、「媒

體」與「人民」間的三角關係，勿被媒體牽著鼻子走，亦不受政治支配所影響。

三、包容並理解多元文化社會差異、體察全球脈動與國際趨勢。

本書第十堂課的「文化全球化」篇中，我們探討了全球化與現代化議題之「文明衝突與多元文化發展議題」相關討論。現代公民應著重對於社會多元觀點的認識與廣納、並重視弱勢權益的差異及其保障。從理解多元文化社會之差異到包容、再到適應。

四、健全民主法治與公民權利義務觀念，關心公共事務。

本書第八堂課的「政治全球化」篇中，我們理解了社會制度中的政治與國家角色。現代公民應配合關心社會制度的主要面向（包含：公共財困境、弱勢團體權益保障、經濟發展與貧富差距、傳播與資訊社會）及國家與政府應扮演的角色與功能，藉此提升自身對公共議題事務的瞭解與關注。

五、瞭解經濟在社會生活中的運作原則，能自我管理並具社會責任感。

本書第五堂課與第六堂課的「經濟全球化」篇中，從社會議題探討之「經濟發展與貧富差距」的觀察來試圖理解經濟制度、發展及現存在不同國家社會中的貧富差距現況。現代公民應藉由不同社會制度的討論，關心社會族群的犯罪問題、弱勢團體的權益保障問題、經濟發展失衡的貧富差距問題。從自身做起來反思做為一個現代公民的角色與責任。

▶▶▶ 延伸問題回顧及思考

✦ 後全球化時代的現代公民應具備哪些能力與特質？

✦ 應如何思考後全球化時代的經濟、政治、文化及環境面向？

附件一　世界各大國際組織匯整

*搭配第九堂課：政治全球化－國際組織

英文名稱	中文名稱	類別	創立時間（西元）
Food and Agriculture Organization	食物及農業組織	糧食資源類	1945
International Atomic Energy Agency	國際原子能組織	能源安全類	1957
International Civil Aviation Organization	國際民航組織	交通通訊類	1947
International Labour Organization	國際勞工組織	勞工權益類	1919
United Nations	聯合國	統籌一般類	1945
World Food Programme	世界糧食計畫	糧食資源類	1961
World Health Organization	世界衛生組織	健康衛生類	1948
European Union	歐盟	區域組織類	1993
World Meteorological Organization	世界氣象組織	氣象天候類	1950

附件二　氣候變遷國際重大會議回顧（1979-2013）

＊搭配第十四堂課：環境全球化－氣候變遷議題

　　回顧世界氣候變遷的重要會議史，可以觀察自1979至2013年間的主要重要事件。當中包括：「世界氣候會議」（World Climate Conference）分別在1979、1990及2009年召開；「政府間氣候變遷專題小組」（IPCC）於1988年建立後，在1990、1995、2001及2007年共發佈了四次具有學術參考價值的科學評估報告；而每年需召開一次的「聯合國氣候變化綱要公約（UNFCCC）締約國大會」，則自1995年開始，至今已召開了十七次的締約國大會。除此之外，其他亦有許多重要的宣言及條約誕生，包括：里約宣言、二十一世紀章程、京都議定書、聯合國千禧年宣言、跨國環境影響評估公約之政策環評議定書、哥本哈根協議、坎昆協議……等。以下，將就世界氣候變遷的重要會議整理如下表所示：

氣候變遷重要會議大事紀（1979-2013）

時間	名稱
1979	第一屆世界氣候會議（WCC）
1988	政府間氣候變遷專題小組（IPCC）成立
1990	IPCC第一次科學評估報告
	政府間氣候變遷綱要公約協商委員會（Intergovernmental Negotiation Committee fora Framework Convention on Climate Change）成立
	第二屆世界氣候會議（WCC）
1992	聯合國氣候變化綱要公約（UNFCCC）通過
	聯合國環境與發展大會（里約地球高峰會議）及里約宣言
	二十一世紀章程

時間	名稱
1995	IPCC第二次科學評估報告
	UNFCCC第一次締約國大會（COP-1） Bonn, Germany.
1996	UNFCCC第二次締約國大會（COP-2） Geneva, Switzerland.
	日内瓦宣言（Geneva Declaration）通過
1997	UNFCCC第三次締約國大會（COP-3） Kyoto, Japan.
	京都議定書（Kyoto Protocol）簽署
1998	UNFCCC第四次締約國大會（COP-4） Buenos Aires , Argentina.
	布宜諾斯艾利斯行動計畫
1999	UNFCCC第五次締約國大會（COP-5） Bonn, Germany.
2000	UNFCCC第六次締約國大會（COP-6） Part-1 Hague, Holland.
	UNFCCC第六次締約國大會（COP-6） Part-2Bonn, Germany.
	聯合國千禧年宣言（UN Millennuum Declaration）
2001	IPCC第三次科學評估報告
	UNFCCC第七次締約國大會（COP-7） Marrakech, Morocco.
	馬拉喀什部長宣言（Marrakesh Ministerial Declaration）
2002	UNFCCC第八次締約國大會（COP-8） New Delhi, India.
	德里部長宣言（Delhi Ministerial Declaration）
2003	UNFCCC第九次締約國大會（COP-9） Milan, Italy.
	跨國環境影響評估公約之政策環評議定書（Protocol on Strategic Environmental Assessment to Espoo Convention）
2004	UNFCCC第十次締約國大會（COP-10） Buenos Aires, Argentina
2005	UNFCCC第十一次締約國大會（COP-11） Montreal, Canada.
	京都議定書生效的第一次締約國會議（The 1st Conference of Parties, CMP1）

時間	名稱
2006	UNFCCC第十二次締約國大會（COP-12）Nairobi, Kenya.
	京都議定書生效的第二次締約國會議（The 2nd Conference of Parties, CMP2）
2007	IPCC第四次科學評估報告
	UNFCCC第十三次締約國大會（COP-13）Bali, Indonesia. 京都議定書生效的第三次締約國會議（The 3rd Conference of Parties, CMP3）
2008	UNFCCC第十四次締約國大會（COP-14）Poznan, Poland
	京都議定書生效的第四次締約國會議（The 4th Conference of Parties, CMP4）
2009	第三屆世界氣候會議（WCC）
	UNFCCC第十五次締約國大會（COP-15）Copenhagen, Denmark. 京都議定書生效的第五次締約國會議（The 5th Conference of Parties, CMP5）
	哥本哈根協議（Copenhagen Accord）
2010	UNFCCC第十六次締約國大會（COP-16）Cancun, Mexico. 京都議定書生效的第六次締約國會議（The 6th Conference of Parties, CMP6）
	坎昆協議（Cancun Agreement）
2011	UNFCCC第十七次締約國大會（COP-17）Durban, South Africa. 京都議定書生效的第七次締約國會議（The 7th Conference of Parties, CMP7）
	德班協議（Durban Agreement）
2012	UNFCCC第十八次締約國大會（COP-18）Doha, Qatar. 京都議定書生效的第八次締約國會議（The 8th Conference of Parties, CMP8）
	杜哈氣候途徑（Doha Climate Gateway）

時間	名稱
2013	UNFCCC第十九次締約國大會（COP-19） Warsaw, Poland. 京都議定書生效的第九次締約國會議（The 9th Conference of Parties, CMP9）
	華沙協議（Warsaw Agreement）

資料來源：筆者參照聯合國官方文件http://www.tri.org.tw/unfccc/download/unfccc_e.pdf, http://www.tri.org.tw/unfccc/download/kp_e.pdf.等內容彙整。

Do觀點09　PF0144

人與社會的建構：
全球化議題的十六堂課

作　　者／盛盈仙
責任編輯／鄭伊庭
圖文排版／陳俐臻、姚宜婷
封面設計／秦禎翊

發 行 人／宋政坤
出　　版／獨立作家
　　　　　地址：114 台北市內湖區瑞光路76巷65號1樓
　　　　　電話：+886-2-2796-3638　傳真：+886-2-2796-1377
　　　　　服務信箱：service@showwe.com.tw
　　　　　http://www.bodbooks.com.tw
印　　製／秀威資訊科技股份有限公司
　　　　　http://www.showwe.com.tw
展售門市／國家書店【松江門市】
　　　　　地址：104 台北市中山區松江路209號1樓
　　　　　電話：+886-2-2518-0207　傳真：+886-2-2518-0778
網路訂購／http://www.govbooks.com.tw
法律顧問／毛國樑　律師
總 經 銷／時報文化出版企業股份有限公司
　　　　　地址：333桃園縣龜山鄉萬壽路2段351號
　　　　　電話：+886-2-2306-6842

出版日期／2014年8月　BOD一版　定價／350元

獨立 作家
Independent Author

寫自己的故事，唱自己的歌

人與社會的建構：全球化議題的十六堂課 / 盛盈仙著. --
一版. -- 臺北市：獨立作家, 2014. 08
　面；　公分. -- (Do觀點；PF0144)
BOD版
ISBN 978-986-5729-24-0 (平裝)

1. 全球化

552.1   103013312

國家圖書館出版品預行編目

讀者回函卡

感謝您購買本書，為提升服務品質，請填妥以下資料，將讀者回函卡直接寄回或傳真本公司，收到您的寶貴意見後，我們會收藏記錄及檢討，謝謝！如您需要了解本公司最新出版書目、購書優惠或企劃活動，歡迎您上網查詢或下載相關資料：http:// www.showwe.com.tw

您購買的書名：_____

出生日期：_____年_____月_____日

學歷：□高中 (含) 以下　　□大專　　□研究所 (含) 以上

職業：□製造業　□金融業　□資訊業　□軍警　□傳播業　□自由業
　　　□服務業　□公務員　□教職　　□學生　□家管　□其它_____

購書地點：□網路書店　□實體書店　□書展　□郵購　□贈閱　□其他

您從何得知本書的消息？

□網路書店　□實體書店　□網路搜尋　□電子報　□書訊　□雜誌

□傳播媒體　□親友推薦　□網站推薦　□部落格　□其他_____

您對本書的評價：(請填代號　1.非常滿意　2.滿意　3.尚可　4.再改進)

　封面設計____　版面編排____　內容____　文／譯筆____　價格____

讀完書後您覺得：

□很有收穫　□有收穫　□收穫不多　□沒收穫

對我們的建議：_____

_____

_____

_____

11466
台北市內湖區瑞光路 76 巷 65 號 1 樓
獨立作家讀者服務部　　　收

··

（請沿線對折寄回，謝謝！）

姓　　名：_____　年齡：_____　性別：□女　□男

郵遞區號：□□□□□

地　　址：_____

聯絡電話：(日) _____　(夜) _____

E-mail：_____